He conocido a Daniel desde niño, lo he vis como adolescente, universitario y ahora c que Dios ha hecho en él me llena de gozo este libro no como teoría sino como una vivencia p dad que muchos enfrentamos a nivel de nuestras emociones y muchas veces sin las herramientas necesarias para resolver. Sé que esta manera integral y práctica de abordar este tema te va a bendecir y ayudar a alcanzar lo que Jesús nos promete en su Palabra "Yo he venido a dar vida y vida en abundancia".

Eduardo Vargas Beita
Pastor general de la Iglesia Oasis, Costa Rica

Me encanta leer lo que mi amigo Daniel ha escrito en el libro *¿Qué tiene que ver Dios con mis emociones?* Este libro es muy necesario para nuestra sociedad. En el tiempo en el cual estamos viviendo hay mucha falta de cuidado emocional. Si estás pasando por un momento difícil en tu vida, este libro te ayudará en el proceso en el cual te encuentras, porque Dios tiene que ver en tus emociones. Él protege y cuida tu estado emocional.

Job González
Pastor de adoración,
Houston, Texas, EE. UU.

"*¿Qué tiene que ver Dios con mis emociones?*" es un atrevido y agudizado libro de Daniel Retana, un joven escritor que se abre paso en uno de los campos más apasionantes que desvelan al ser humano, el control de las emociones. Retana da en el blanco al abordar, con pluma fresca y desde una perspectiva cristiana, uno de los temas que más preocupan y analizan los estudiosos de la mente. Sin duda, recomiendo a todo lector aventurarse en las páginas de esta obra que nos abrirá perspectivas insospechadas sobre el control de las emociones y cómo sacarle provecho personal en el día a día.

Sobre el escritor: Daniel Retana, es un joven psicólogo que promete convertirse en un escritor obligado en Costa Rica, en temas relativos al manejo y control de las emociones, campo que lo apasiona. Su amplia experiencia como terapista, consultor y conferencista, lo retratan en esta obra que plantea el reto de transformarnos y crecer como seres humanos.

Alexis Rojas Quesada
Reconocido periodista y presentador, Costa Rica

Daniel Retana es un líder joven que tiene un espíritu de servicio hacia la comunidad, con un ánimo de innovar y emprender nuevos proyectos para agregar valor y aportar a la vida emocional de muchos. Abordando cada tema con preparación, conocimiento y autoridad de su propia experiencia. En lo personal, Daniel ha sido un amigo y colaborador del ministerio, por lo que puedo dar testimonio de su esfuerzo y compromiso en la fe para agradar a Dios y servir a los demás. Daniel aborda un tema tan importante como es las emociones. Ese abordaje es de forma integral, dinámica y profunda a la vez. Este es un libro innovador y revolucionario que será una gran herramienta para cualquier comunidad. En esta obra, Daniel nos ayuda a comprender que la administración de las emociones es parte de una espiritualidad integral y cristocéntrica. Te invito a tener una experiencia de sanidad y formación por medio de este maravilloso libro.

Pastor Esteban Gutiérrez Porras
Licenciado en Psicología Clínica
Máster en Biblia y Teología

Me siento muy emocionada por este maravilloso material de mi amigo Daniel Retana.

Desde hace muchos años he venido estudiando el tema de las emociones, lo cual he transmitido en mis libros, conferencias y sesiones. Estoy consciente de su gran importancia y de la influencia que tienen en nuestras vidas. Por eso, debemos asumir con responsabilidad una adecuada administración y buscar herramientas que nos permitan manejarlas con inteligencia emocional.

Es interesante ver cómo Dios colocó las emociones en nuestra vida con un gran propósito, no son ni buenas ni malas, todo depende de la administración que les demos, pero sin duda, un buen manejo nos permite estar integralmente sanos y ser prosperados, lo que nos llevará a alcanzar aquello para lo que fuimos diseñados.

He visto personas con una alta capacidad intelectual, económica o quizás con dones y un llamado de Dios maravilloso, pero el incorrecto manejo de las emociones los llevó a tomar decisiones poco asertivas, por eso considero vital que aprendamos a la luz de la Palabra y con la guía del Espíritu Santo qué debemos hacer y cuáles son nuestras responsabilidades.

Estoy segura de que Dios te hablará por medio de cada palabra y tema que Daniel, con mucha responsabilidad, amor, profesionalismo y con la guía del Padre, ha plasmado en esta obra literaria. Te invito a leer cada página con calma y reflexión, pero ante todo, con un compromiso de incorporar a tu mente y corazón cada verdad que descubras.

Dios te ha diseñado para que seas feliz, te vaya bien, crezcas, alcances tus metas y también puedas compartir tu felicidad con otras personas, para todo esto necesitamos ser muy diligentes en lo que pensamos y en lo que sentimos. No permitamos que las emociones nos controlen, es tiempo de hacerlas nuestras aliadas y comprender que Dios tiene un maravilloso plan con ellas, todo eso lo descubrirás en este libro.

Gracias Daniel por disponer tu corazón para compartir lo que Dios te ha permitido aprender como profesional terapeuta, pero ante todo, como su hijo. Éxitos y bendiciones.

STEPHANIE CAMPOS ARRIETA
AUTORA, CONFERENCISTA Y *COACH* PROFESIONAL

Dios se encarga de levantar personas para recordarnos que Él hizo al hombre a su imagen y semejanza. Las emociones son una área de nuestro ser que hemos descuidado por años en la iglesia, y sin darnos cuenta se ha convertido en un pasillo donde el enemigo ha herido y dañado la vida de las personas y hasta a la iglesia misma.

Daniel se ha convertido en este tiempo en un vocero que nos recuerda que una iglesia sana debe velar por tener miembros sólidos; además, como muchas veces lo he dicho... "un liderazgo a prueba de fuego".

El carácter de Cristo debe manifestarse en los hijos de Dios; y esto nos lleva a ocuparnos de permitir que Dios transforme y sane emocionalmente nuestra vida.

El ADN de nuestro Padre celestial debe manifestarse en sus hijos y reflejar la naturaleza del Padre en todas las áreas de nuestra vida (familia, oficina, iglesia, etc.).

Este libro *¿Qué tiene que ver Dios con mis emociones?* deberíamos considerarlo un manual de consulta y un tesoro literario que por muchos años hemos necesitado y hoy se vuelve una realidad.

Colosenses 3:12-17, NTV, dice:

"Dado que Dios los eligió para que sean su pueblo santo y amado por él, ustedes tienen que vestirse de tierna compasión, bondad, humildad, gentileza y paciencia. Sean comprensivos con las faltas de los demás y perdonen a todo el que los ofenda. Recuerden que el Señor los perdonó a ustedes, así que ustedes deben perdonar a otros. Sobre todo, vístanse de amor, lo cual nos une a todos en perfecta armonía. Y que la paz que viene de Cristo gobierne en sus corazones. Pues, como miembros de un mismo cuerpo, ustedes son llamados a vivir en paz. Y sean siempre agradecidos.

Que el mensaje de Cristo, con toda su riqueza, llene sus vidas. Enséñense y aconséjense unos a otros con toda la sabiduría que él da. Canten salmos e himnos y canciones espirituales a Dios con un corazón agradecido. Y todo lo que hagan o digan, háganlo como representantes del Señor Jesús y den gracias a Dios Padre por medio de él".

Gracias Daniel.

GODOFREDO GONZÁLEZ CHAVARRÍA
PASTOR & DIRECTOR RAD 24.7
DIRECTOR MUSICAL DE DANILO MONTERO

En medio de aprender a vivir, la religiosidad nos jugó una muy mala pasada. En nuestro afán por ser sumamente "espirituales", dejamos de lado el ser emocionales. Como consecuencia de este grave error muchos han abandonado el desarrollo de su inteligencia emocional resultando esto en individuos con carencia de habilidades sociales, relaciones humanas raquíticas y, lo que es peor, ausencia de sentido de vida y propósito.

Es debido a lo anterior, que Dios ha potenciado y levantado a Daniel Retana para escribir el libro: *¿Qué tiene que ver Dios con mis emociones?* Daniel posee una voz fresca y un mensaje transformador, que siempre te invitará a atender, sentir, manejar e incluso expresar tus emociones, pero de manera inteligente, responsable y según la voluntad de Dios.

A través de este relevante y revelador manuscrito, aprenderás no solo que, según Su semejanza, Dios nos hizo seres emotivos, sino que tenemos una enorme responsabilidad con nuestras emociones, pues es la maravillosa herramienta de las emociones la que hace que todo en nuestro ser tripartito, funcione de acuerdo con el diseño de su meticuloso Creador. Podríamos decir que el cuerpo humano es el *hardware*, el espíritu el usuario, y nuestra alma—la cual contiene nuestras emociones—el complejo *software* que los debería de mantener funcionando de manera óptima, en balance y armonía.

Cada página de este documento está repleta de valiosos consejos—o actualizaciones para tu *software*—que, apegados a la penetrante palabra de Dios, te llevaran a la estabilidad y plenitud emocional, reservadas por Él para ti.

Francisco Gómez Cordero
Pastor Comunidad Internacional de Adoradores

¿Qué tiene que ver Dios con mis EMOCIONES?

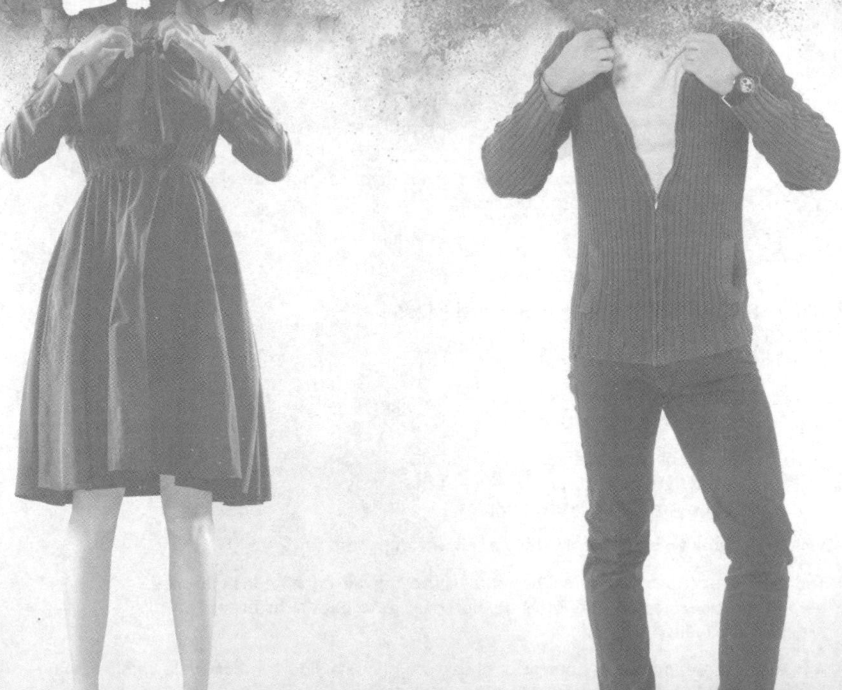

DANIEL RETANA

Para vivir la Palabra

MANTÉNGANSE ALERTA;
PERMANEZCAN FIRMES EN LA FE;
SEAN VALIENTES Y FUERTES.
—1 CORINTIOS 16:13 (NVI)

¿Qué tiene que ver Dios con mis emociones? por Daniel Retana
Publicado por Casa Creación
Miami, Florida
www.casacreacion.com
©2019, 2020 Derechos reservados

Library of Congress Control Number: 2019942965
ISBN: 978-1-62999-287-7
E-Book ISBN: 978-1-62999-288-4

Desarrollo editorial: *Grupo Nivel Uno, Inc.*
Diseño interior: *Grupo Nivel Uno, Inc.*

Todos los derechos reservados.
Copyright © 2019 por Daniel Retana
Todos los derechos reservados

Visite la página web del autor: www.danielretana.com

Todos los derechos reservados. Se requiere permiso escrito de los editores, para la reproducción de porciones del libro, excepto para citas breves en artículos de análisis crítico.

A menos que se indique lo contrario, el texto bíblico ha sido tomado de la versión Reina-Valera © 1960 Sociedades Bíblicas en América Latina; © renovado 1988 Sociedades Bíblicas Unidas. Utilizado con permiso. Reina-Valera 1960™ es una marca registrada de American Bible Society, y puede ser usada solamente bajo licencia.

Nota de la editorial: Aunque el autor hizo todo lo posible por proveer teléfonos y páginas de Internet correctas al momento de la publicación de este libro, ni la editorial ni el autor se responsabilizan por errores o cambios que puedan surgir luego de haberse publicado.

Impreso en Colombia

24 25 26 27 28 LBS 9 8 7 6 5 4 3 2

"No os conforméis a este siglo, sino transformaos por medio de la renovación de vuestro entendimiento, para que comprobéis cuál sea la buena voluntad de Dios, agradable y perfecta".

Romanos 12:2

Dedicatoria especial

A Melissa Masis Retana (1983-2019)

Amiga y hermana en la fe,
Ángel especial y guerrera hasta el final.
En todo momento tu apoyo fue tangible.
Sufrimos y lloramos tus últimos días y,
Aunque a principios de año regresaste a Casa,
Tengo la profunda certeza de que nos volveremos a ver.

Agradecimientos

Al Autor y Maestro de la Vida, quien permitió que se escribiesen estas páginas en mi historia desde antes de la fundación del mundo; quien me ha provisto de su gracia para sobreponerme a los desafíos de la vida y, en particular, de este reto personal. Sin lugar a duda, este libro es la consumación de un sueño y una pieza más en el propósito que Dios diseñó para mi vida.

A mis padres, quienes son mis consejeros, motivadores, líderes y guías por excelencia. Cada esfuerzo realizado en este libro representa una mínima muestra de la manera en que puedo recompensarlos y retribuirles el inmenso sacrificio que han hecho para que yo sea la persona que soy. Su amor, paciencia, comprensión y atención no tienen igual.

A mi hermana, quien siempre ha creído en mi capacidad para llegar tan lejos como me lo proponga y me ha alentado en momentos difíciles cuando las fuerzas desaparecen. Siempre he creído que lo bueno que tengo es, en gran manera, el reflejo de lo bueno que mi hermana posee.

Tabla de contenido

PRÓLOGO

¿Qué tiene que ver Dios con mis emociones?

Dios se muestra en la historia de nuestra salvación como amor; la suma de lo más sublime, poderoso y transformador que existe en el universo. Su amor crea, protege, espera, llora. Al compararse a sí mismo con una madre, nos dice que sus entrañas se conmueven de compasión por sus hijos. Su amor también se expresa en un celo ardiente por quienes le pertenecen y en el gozo que le producen sus hijos al punto de hacerlo cantar sonrientemente sobre ellos.

Necesitamos reconocer que nuestro Dios y creador se expresa como un ser lleno de emociones armoniosas y, a la vez, poderosas. Y que nosotros fuimos hechos así por Él, como seres espirituales que tenemos un alma llena de emociones.

Algunos sectores del cristianismo se enfocan exclusivamente en la vida espiritual e ignoran la realidad del alma de los seres humanos. Al hacerlo, dañan la visión de una verdadera espiritualidad, una que admite que, tanto el espíritu como el alma y la vida física, tienen que estar en armonía para poder llegar a ser una persona según el diseño divino.

Jesús, el ejemplo del hombre perfecto y que está lleno del Espíritu Santo, alimentó su cuerpo, durmió e incluso huyó por su vida cuando su tiempo de partir no había llegado. Y a la vez, desplegó un matiz amplio de emociones. Él es Hijo de Dios, perfecto Dios, perfecto hombre, que se enojó con los cambistas en el templo, se alegró ante los discípulos que creyeron en él, se llenó de compasión por las multitudes y sintió tristeza hasta morir.

Cuando Jesús les habla a las multitudes sobre no odiar, no afanarse, no dejarse vencer por el temor, su llamado era a tener paz y a descansar en Dios.

Dios nos llama a vivir una vida equilibrada y calibrada a su propósito; cuerpo, alma y espíritu en armonía, libertad y plenitud. "Amado, yo deseo que tú seas prosperado en todas las cosas, … así como prospera tu alma" (3 Juan 1:2).

Estamos hablando de una vida espiritual que se demuestra en una relación diaria con Dios, en la que nuestra alma tiene paz, gozo y libertad y donde nuestro cuerpo está sano, cuidado y entregado a hacer la voluntad de Dios.

¿Por qué, entonces, hemos descuidado nuestra vida emocional?

Somos la raza humana, la que se alejó de Dios y, por ende, los que nacimos en pecado. Nuestra alma está propensa al caos, al desorden, al desequilibrio. Vivimos en una sociedad tremendamente proclive, adictiva, y enfermizamente trivial. De allí, la esperanza para nosotros viene de un cambio radical de naturaleza, un nuevo nacimiento, como lo dijo Jesús. Y luego, y como parte de ese nuevo nacimiento, nuestra mente, emociones, pensamientos y voluntad, requieren ser llevados a un lugar de libertad y de paz. Es necesario que alcancemos un punto de madurez en la toma de decisiones, que asumamos responsabilidad por ellas y que seamos honestos para acercarnos a trabajar en las áreas donde tenemos problemas. De no hacerlo, las emociones que no comprendemos, que no sabemos manejar, confrontar ni cambiar, pueden llevarnos a una vida de dolor, aislamiento y miseria.

De eso se trata este libro.

Moisés se enojó y cometió un error que le costó caro. Saúl dejó que su complejo de inferioridad lo sacara de la asignación divina como rey. Sus celos contra David lo llevaron a cometer injusticias y atrocidades. Cuando David llegó a ser rey y envejeció, se dejó llevar por deseos desordenados y cargó con las consecuencias de su insensatez.

Esos son unos pocos ejemplos en las Sagradas Escrituras que nos hablan del poder de las emociones mal encausadas.

De allí la importancia de un libro como este.

Daniel Retana no solo es un psicólogo dedicado a tratar la mente, los pensamientos y las emociones del ser humano. También, es un cristiano dedicado a Dios y alguien que cree en el poder del Espíritu Santo (y lo ha experimentado) para transformar su vida y la de otras personas.

En este libro, él nos invita a recorrer algunos de esos caminos complejos del alma con el fin de ayudarnos a crecer. Crecemos al aprender a definir mejor lo que sentimos y al expresarnos más asertivamente.

Daniel combina los conocimientos de la psicología moderna con los principios eternos de la Palabra de Dios, y nos trae técnicas que pueden ayudarnos mucho en la búsqueda de una vida más equilibrada, sana y espiritual.

— Danilo Montero
Pastor de la iglesia
Lakewood, Houston, Texas, EE. UU.

INTRODUCCIÓN

DESDE NIÑO QUISE trabajar para ganarme mi sustento diario y poder tener algún día lo que había soñado. Recuerdo que cuando salí del colegio comencé a buscar opciones para tener algún ingreso económico. Comencé trabajando en la panadería de mi tío. Fue en ese lugar donde aprendí lecciones clave para la vida. Por ejemplo, aprendí a levantarme temprano, ya que tenía que hornear el pan a las cuatro de la mañana y tenía que estar fresco para cuando se abría el negocio. También aprendí a dar un buen servicio al cliente porque las personas hacían fila para comprar y llevar el pan fresco para el desayuno familiar. Debía hacer varias cosas al mismo tiempo, entonces, tuve que desarrollar la agilidad para manejar el dinero, atender a los clientes y mantener una buena actitud frente a las personas que llegaban al establecimiento, todo al mismo tiempo. También tuve quemaduras en la piel (como todo panadero principiante que no conoce las reglas básicas de las máquinas). Fue un gran aprendizaje porque, en medio del frío de las mañanas y la lucha contra mis cobijas, entendí que ese lugar sería, para mí, el primer escalón para llegar a concretar mis sueños algún día.

El tiempo fue avanzando, y después de algunos meses, inicié mi segundo trabajo en una librería cristiana. Siempre quise trabajar en ese lugar porque la lectura me resultaba apasionante. Mi padre me heredó una de las mejores prácticas de vida: lectura incesante. Por tal razón, preparé mi hoja de vida y la fui a dejar a la sucursal principal. Mucho tiempo después, me llamaron diciéndome que yo era uno de los candidatos principales para ocupar la vacante en la librería. Fue como si me hubieran llamado de alguna universidad en el exterior, solo yo podía entender lo que significaba para mí dar ese paso. Entrar a un mundo de ideas, de diferentes autores, con diversas temáticas, historias de vida y demás. Estaba expectante y creyendo que sería un escalón más para avanzar hacia el propósito de mi vida.

Siempre recordaré mi primer día de trabajo en la librería. Nervioso e impaciente, me alisté por la mañana y llegué a las oficinas centrales. Entré por la puerta y, tembloroso, con mi agenda y lapicero en mano, apunté todo lo que nos enseñaba el encargado de la tienda. Lo primero que nos mostraron fueron las casas editoriales que había en la librería. Me las aprendí de inmediato, con sus respectivos autores. Algo se empezaba a formar dentro de mí. Solo era un joven interesado en aprender más sobre la vida. ¡Quería absorberlo todo! Aunque no era correcto leer durante horas laborales, tomaba fotografías mentales de los libros para acumularlos en mi lista de pendientes.

Un día, me pidieron que hiciera limpieza en las bodegas. Me dieron un sacudidor para quitar el polvo de los libros que no estaban en exhibición. ¿Saben cuál fue la primera casa editorial que me correspondió limpiar? Casa Creación. Tomé los libros con paño en mano y comencé a limpiarlos cuidadosamente para no arrugar las páginas. Vi las fotografías de los autores y leí con detalle los temas que abordaban en sus libros. Sin titubear, me dije inmediatamente: "¡Algún día cumpliré mi sueño de escribir un libro en esta editorial!". Oré y le entregué a Dios mi sueño. Continué con mis labores y pasaron los años. Las piezas del rompecabezas divino empezaron a conjuntarse. Dios, atento a mis deseos sinceros, respondió aquella añoranza. No se retrasó. Fue en el momento justo. Me permitió llegar a la editorial que inicié limpiando en aquella bodega. Y así, este libro terminó publicándose por Casa Creación.

Años después de mi experiencia en la librería y antes de escribir este libro, estaba sentado en mi iglesia y me planteé un cuestionamiento que siempre había estado dentro de mí, pero que no había logrado plasmar en un pensamiento concreto. Me pregunté: "Las personas que aman a Dios, ¿tienen una buena calidad de vida en función de todas las áreas que la componen? ¿Hay un equilibrio físico, emocional y espiritual?". Por lo tanto, me dediqué a investigar sobre el tema a través de mi trabajo de graduación final de la carrera de psicología. Estudiar el impacto de la fe en la calidad de vida de las personas que asisten a comunidades religiosas, o dicho de otra forma, la pregunta principal era ¿hay una integralidad? Y de esta derivan otras más ¿duermen bien? ¿Tienen buenas relaciones interpersonales? ¿Cómo está la calidad de su pensamiento? ¿Cuáles son sus hábitos alimenticios? ¿Hacen deporte? ¿Cuidan realmente su físico? ¿Tienen inteligencia emocional?

A partir de ese estudio, me quedé atrapado en un tema relacionado con algo que estaba sucediendo en mi vida personal. Como cuento a lo largo del libro, sufrí ataques de pánico y de ansiedad en las noches durante dos años. Me levantaba con el pecho inflado, como si la ansiedad encontrara dentro de mí un nido para habitar. Mis manos sudaban. Mis pensamientos iban a una velocidad insospechada. Buscaba a Dios como nunca. Lloraba, pataleaba y suplicaba por una respuesta. La ansiedad era crítica y yo quería acabar con esto a través del extinguidor de la fe.

Soy fiel creyente de los hábitos espirituales y los aplicaba constantemente, pero Dios me permitió percatarme de que había un universo que aún no había descubierto. Era el área de las emociones. Aquellos elementos sensoriales que fueron entretejidos en la creación del hombre. Dios propuso, en la mesa de diseño, instalar en el interior del ser humano, las emociones, las que serían responsables de aparecer en los momentos más importantes de la existencia de su creación perfecta. Dios no se equivocó en permitirnos sentir. Dios no falló en su diseño perfecto. Dios puso la eternidad en el corazón del hombre y también colocó estratégicamente "reacciones" para afrontar la vida con un abanico de opciones. Las emociones son hermosas. Son dignas. Son humanas, pero también son espirituales.

¿Te ha pasado que no puedes controlar lo que dices? ¿Arrastras tristeza por diferentes motivos en tu vida? ¿Te molesta lo que otros dicen en determinado momento? ¿Te cuesta expresar lo que sientes? ¿Gritas y no mides las consecuencias de tus actos? ¿Se te dificulta desarrollar relaciones funcionales? ¿Intentas continuamente cambiar por tus propios medios y no lo consigues? ¿Consideras que hay situaciones en tu vida imposibles de modificar? ¡Si te sientes identificado con alguno de estos escenarios, estás leyendo el libro correcto!

Independientemente del momento que estés atravesando, o las vivencias que hayas tenido, este libro ha sido diseñado para que tengas un encuentro con Dios y tus emociones. Esta es una invitación al desarrollo, el crecimiento, la sanidad y la libertad de expresión. El propósito de este material es proveer espacios de aplicación para fortalecer el alma, las emociones, los pensamientos y, sobre todo, nuestra relación con Dios.

Me propuse basar este material en la visión cristiana del ser humano donde se atienden las necesidades de todas las dimensiones—física, emocional y espiritual—que componen nuestro ser. Sin embargo, mi objetivo es que cada lector (independientemente de su religión) pueda utilizar sus emociones como aliadas y no como enemigas. Te recomiendo, sin importar cuál sea tu credo religioso, que tengas una Biblia a la mano para revisar los conceptos propuestos a lo largo del libro. De esta manera, podrás hacer los cambios necesarios en tu vida y amar sanamente, te relacionarás mejor con los demás y tendrás dominio sobre tus emociones para disfrutar la vida que Dios te ha concedido.

Mi deseo es ayudarte e inspirarte a encontrar el camino hacia la libertad y tu propósito de vida, que puedas experimentar todas las promesas que Dios ha preparado para ti y tener relaciones en sanas. Para esto vino el Hijo de Dios, para traer libertad a tu vida y que puedas experimentar una vida plena, la vida que siempre has deseado.

— Daniel Retana Navarro

Capítulo 1

Las emociones, el alma y Dios

1.1. ¿Qué son las emociones?

¿Alguna vez sufriste por tu primer amor? ¿Recuerdas el momento en que diste tu primer beso? ¿Aquella vez que fuiste traicionado por tu mejor amigo? ¿Puedes visualizar el rostro de tu madre o tu padre cuando te graduaste de la escuela? ¿Cómo fue aquella larga espera para abrir un regalo en Navidad? ¿Lloraste cuando tu padre o tu madre te abandonó junto con tus hermanos? ¿Viste a alguien cometiendo un crimen frente a ti? ¿Alguien sobrepasó tus límites sin tu permiso? ¿Sentiste mariposas en el estómago cuando te casaste? ¿Cómo fue tener a tu hijo en tus brazos por primera vez? ¿Sentiste tristeza cuando perdiste a ese familiar? ¿Qué sentiste cuando tuviste que marcharte de la casa de tus padres? ¿Cómo fue aquella ocasión cuando sentías que ibas a perder el control y tu cuerpo se aceleró en cuestión de segundos?

Ante cada una de estas situaciones, los seres humanos activamos, de forma natural, reacciones en nuestro comportamiento. Por ejemplo, si una persona con fobia a los insectos, enciende la luz de su cuarto y encuentra una araña en su cama, su reacción posiblemente sea la de gritar, huir o matar al animal de un solo golpe. O bien, a quien se le da una buena noticia sobre una promoción laboral después de un tedioso proceso de espera posiblemente su reacción sea celebrar. Cada momento específico de nuestra vida detona emociones específicas.

La emoción va primero y, luego, se concreta la acción. Las emociones están presentes antes de cada una de estas "reacciones" o "respuestas". Por ejemplo, primero sentimos temor y, luego, corremos o nos quedamos paralizados; o bien, si algo nos afecta mucho, primero sentimos tristeza (nudo en la garganta) y, luego, lloramos. Cuando nos tratan mal injustificadamente, es posible que sintamos enojo y, después, tomemos una decisión al respecto. O puede ser que algo nos asombre positivamente y en primer lugar expresemos alegría, pero seguidamente saltemos o extendamos nuestros brazos demostrando satisfacción.

En el original, el término emoción viene del latín *emotĭo*, que significa "alteración del ánimo, intensa y pasajera, que va acompañada de cierta reacción física".[1] Las emociones son el conjunto de reacciones en nuestra conducta para interpretar y resolver lo que ocurre a nuestro alrededor. En otras palabras, no podríamos hacer absolutamente nada sin las emociones de por medio. Podría decir que las emociones son casi tan importantes como la respiración porque sin oxígeno, sencillamente moriríamos. Algo similar ocurre cuando desplazamos el espectro de las emociones a un segundo plano. ¡Morimos internamente al anular nuestra capacidad de sentir!

Las emociones se ponen en marcha a través de nuestros sentidos y pueden manifestarse de muchas formas. Por ejemplo, puede ser que creamos que la forma natural de resolver un conflicto sea gritando e imponiendo nuestra posición sin importar cómo se puedan sentir los demás. Quizás creemos que reprimir nuestras emociones y no expresarlas ante otras personas sea la mejor forma de superar un problema o trauma. Puede ser que nos encontremos ante la negación de un dolor o una pérdida que atravesamos en algún momento de nuestra vida.

Podríamos estar ante la primavera más grata de la existencia, pero con nuestra alma congelada. Las emociones necesitan ser sentidas, de hecho, es uno de los propósitos originales que tienen en nuestra vida. Aunque parezca obvio, gran parte de la población, a la que he tenido la oportunidad de atender en consulta privada e incluso de entrevistar para otras investigaciones, sigue creyendo que las emociones y los sentimientos son menos importantes y deben ser evadidas para no entrar en conflictos "existenciales" o "dramatismos". Lo cierto es que uno de los peores desiertos que puede atravesar un ser humano es la evasión y la minimización lúcida de lo que siente.

1.2. ¿Cuáles emociones existen?

Los seres humanos nos pasamos el tiempo intentando describir cómo nos sentimos. Hay quienes confunden la tristeza con la depresión, o la ansiedad con el estrés. A causa de esa confusión sobre nuestras propias emociones y las diferentes clasificaciones que existen, se han estudiado seis emociones primarias o básicas. Estas emociones están presentes en todos los seres humanos alrededor del mundo y son las siguientes: tristeza, felicidad, sorpresa, asco, miedo e ira.

A continuación, una tabla que muestra las ventajas y las desventajas sobre algunas de las emociones más comunes. Es importante mencionar que las emociones **no son malas ni buenas.** Debemos mantener un equilibrio en cada una de ellas y entender que todas forman parte del propósito de Dios para nuestra vida.

❀ ❀ ❀

Emoción	Ventajas	Desventajas
Ira	Expresamos lo que nos parece injusto, saca a relucir nuestro poder y nos hace establecer límites.	Conductas violentas que dañan la dignidad e integridad de otras personas.
Alegría	Nos abre posibilidades y nos conecta con la gratitud.	No tomar las cosas en serio.
Tristeza	Nos permite conectarnos con el dolor y superar etapas.	Puede llevarnos a una depresión profunda.
Miedo	Nos protege y nos hace reconsiderar los riesgos.	Nos paraliza.
Ternura	Nos hace construir relaciones con otros y da seguridad a otros.	Podemos ser atropellados si no establecemos límites claros.
Gratitud	Nos permite honrar y disfrutar lo simple de la vida.	Pasividad, y esperar que los otros hagan las cosas.

Uno de los peores engaños en que podríamos caer, luego de leer esta lista, es en la clasificación de las emociones de acuerdo con lo que hemos pensado a lo largo de la vida o lo que se nos ha enseñado incorrectamente. Se ha creído que las emociones como la ira, la tristeza y el miedo son dañinas para cualquier persona. O bien, se nos ha enseñado que siempre debemos estar alegres, sin que ninguna situación nos perturbe. Eso no está bien, debemos entender que todas y cada una de las emociones pueden ser utilizadas como aliadas de nuestra experiencia de vida y no como enemigas.

Por eso, es de suma importancia enseñar a las nuevas generaciones que no está mal sentir, sino que lo que podría estar en desorden es lo que hacemos con lo que sentimos; enojarnos no es inadecuado siempre y cuando no nos lleve a una conducta violenta; sentirnos tristes es fundamental para encontrar un sentido de vida; o, mantener la alegría durante mucho tiempo podría hacernos perder la seriedad de las decisiones importantes. La frase que se ha popularizado a lo largo de las generaciones *"todo extremo es malo"* aplica igualmente en la plataforma de las emociones. Cualquier emoción en su extremo es nociva para la salud mental y espiritual.

1.3. ¿Qué tiene que ver Dios en mis emociones?

Por mucho tiempo se ha pensado que la parte emocional es un área completamente opuesta a la fe, y que a Dios no le interesa cómo podamos sentirnos en el día a día. A continuación encontrarás un listado de pensamientos respecto a nuestras emociones y nuestra vida de fe que posiblemente aprendimos de forma incorrecta:

- *"No debo vivir por mis emociones".*
- *"Las emociones no importan".*
- *"Mis emociones no tienen nada que ver con mi relación con Dios".*
- *"Dios me hizo una nueva criatura y eso es suficiente. Lo que sienta queda fuera".*
- *"Las emociones son cosas de mujeres, no de hombres".*
- *"Los hombres no lloran ni sienten tanto".*
- *"Debo mostrarme como una persona fuerte porque soy cristiano".*
- *"Los cristianos no debemos sentirnos tristes, enojados ni ansiosos".*
- *"No debo mostrar mi debilidad de ninguna manera y mucho menos llorando".*
- *"Tengo que sentirme bien pronto porque no puede ser que esto me haya afectado tanto".*

La intención de Dios es que podamos vivir emocionalmente libres, sin ataduras ni hábitos tóxicos que drenen nuestra energía para amar, servir y disfrutar lo que Él nos ha dado. De hecho una de las conclusiones más importantes de Salomón, considerado el hombre más sabio que ha existido en la historia, es la siguiente: *Además, la gente debería comer, beber y aprovechar el fruto de su trabajo, porque son regalos de Dios.* (Eclesiastés 3:13, NTV). Es importante desarrollar la capacidad del deleite y el disfrute de la vida, y esto está directamente relacionado con experimentar constantemente nuestras emociones. Para evaluar su estado de asombro, suelo preguntarles a las personas: ¿Cuándo fue la última vez que disfrutaste un atardecer? ¿Un amanecer? ¿El trinar de las aves? ¿Una tarde lluviosa? ¿El abrazo de tus seres queridos? Si has perdido el asombro, es hora de regresar a los pequeños detalles de la existencia humana.

A lo largo de la Biblia, podemos ver ejemplos de personas que aprendieron a procesar correctamente sus emociones, e incluso nos dejaron los pasos a seguir para que nosotros también pudiéramos administrarlas adecuadamente. Es importante mencionar que Dios no espera que nos sintamos bien siempre, sino que aprendamos a expresar adecuadamente nuestras emociones.

Podemos observar un ejemplo clásico en la persona de Jesús. Dejaremos de lado que Jesús poseía una naturaleza divina. A fin de cuentas, Él experimentó las mismas luchas que nosotros afrontamos todos los días (cf. Hebreos 4:15). La parte emocional no fue la excepción. A continuación, veremos cómo el Maestro de las emociones superó los agitados momentos emotivos que atravesó antes de ir a la cruz.

En Mateo 26:38 (NTV) Jesús expresó: «*Mi alma está destrozada de tanta tristeza, hasta el punto de la muerte. Quédense aquí y velen conmigo*». Jesús estaba en medio de una crisis emocional. Hoy en día, al estado que Jesús estaba experimentado se le califica como un *ataque de pánico,* donde las personas perciben elevados niveles de angustia y ansiedad con pensamientos intensos y aterradores de que algo grave puede ocurrir, incluso llegan hasta a perder el control de sí mismos.

Aunque Jesús tenía conocimiento de su desenlace, seguía sufriendo física y emocionalmente los males que estaba enfrentando en el

Getsemaní. Jesús procesó adecuadamente sus emociones y nos dejó varias lecciones que podemos aprender:

- *Expresó sus emociones naturalmente sin temor a ser juzgado.*
- *Su reputación no estaba en la apariencia.*
- *Buscó un espacio idóneo para exteriorizar sus sentimientos.*
- *Pidió ayuda a los demás y llevó a sus amigos más cercanos.*
- *Consideró la compañía como una forma de superar su crisis.*
- *Supo clasificar bien sus necesidades emocionales y espirituales. A cada una le dio prioridad.*

Augusto Cury, psiquiatra brasileño y escritor cristiano, concluyó: *"Él tenía todos los motivos para sufrir de depresión y ansiedad. Pero nunca alguien fue tan feliz y libre en el área de la emoción"*.[2] Esta verdad cambió mi perspectiva sobre la vida y personalidad de Jesús. Dejé de verlo como un ser humano inalcanzable y empecé a comprenderlo como un compañero de vida y de sufrimiento. Cuando divinizamos a Jesús, olvidándonos de su naturaleza humana, perdemos de vista estos detalles que nos recuerdan a un Amigo empático y solidario.

Recuerdo que a mis veinte años comencé a experimentar graves episodios de ansiedad, sentía que me iba a morir, mi cuerpo temblaba hasta perder el control y mi pecho se inflaba como si algo dentro de mí se estuviera quemando. No podía estar rodeado de gente porque me daba temor hacerlos sentir parte de mi crisis. Evité constantemente el contacto social y me refugié en la soledad de mi interior. No hablaba con nadie, y mi relación con Dios era completamente plana y árida. No pasaba nada extraordinario, solo había un silencio sepulcral que parecía formar telarañas en las cámaras secretas de mi corazón. Cuando me daban las crisis de ansiedad sentía que me moría, pero cuando ya habían pasado sentía que me estaba muriendo por dentro. Estaba como congelado.

Durante dos años aproximadamente pensé que cada día que pasaba era un martirio. No lograba levantarme. Accedí a todos los métodos habidos y por haber. Buscaba salir de mi situación, asistí a consejería pastoral, terapia psicológica, hablaba con amigos constantemente y nada parecía resolver mi situación. Buscaba constantemente a Dios, y aunque mis disciplinas espirituales se mantenían firmes, mi alma estaba vulnerable, herida y llena de inseguridades.

Pasó el tiempo y entendí que Jesús experimentó escenas parecidas a la mía. Solo quien ha atravesado una crisis existencial, puede bajarse al nivel de aquellos que la sufren. Solo aquel que no ve ninguna salida y la encontró con el paso del tiempo, tiene la capacidad de conducir a otros a encontrarla. Me impresioné al darme cuenta de que una persona que ha tenido tanta influencia y sigue mencionándose como una figura histórica tuvo una noche oscura, gris y llena de interrogantes. Fue a partir de ese momento que empecé a ver a Jesús bajo la lupa de su naturaleza humana y no solamente como una deidad inexplorable. ¡Jesús fue expuesto al máximo nivel de sufrimiento emocional que jamás alguien haya podido soportar!

1.4. Nuestro escenario actual

Lo que Jesús experimentó en aquel escenario no dista de lo que muchas personas enfrentan actualmente. Cada día es más común ver a una sociedad esclava de episodios intensos de ansiedad, tal como los tuve yo. Solamente en Latinoamérica y en algunos países (como Costa Rica) aproximadamente el 10 por ciento de la población vive continuamente ansiosa.[3] Sufren de ataques de pánico, estrés excesivo, pensamientos suicidas, fobias, temores y ansiedad en general que se traducen en múltiples malestares en todas las demás áreas.

La depresión, que hace algunos años parecía un tema de "lunáticos" y "locos", hoy, de forma alarmante, llama a la puerta de miles de personas sin hacer distinción alguna. Incluso, se ha demostrado que las personas hoy en día se ausentan de sus trabajos más por enfermedades mentales que por padecimientos físicos.

Lastimosamente, la depresión se ha convertido en la enfermedad de este siglo. Es una realidad y hay que atenderla. Las estadísticas dictan que, de cada tres suicidios consumados, dos personas se encontraban deprimidas antes de tomar esa decisión fatídica.

El primer paso para remediar esta delicada realidad es prestar especial atención a esa voz interna que clama e implora por un nuevo propósito y razones para querer vivir. Claro que existe un propósito, y es posible reconstruir una vida que está hecha pedacitos. La depresión no es solo una enfermedad que aparece bruscamente; es el resultado de una vida que carece de propósito y sentido.

Por eso, debemos actuar a tiempo y considerar la correcta gestión de las emociones como una prevención constante frente a problemáticas mayores. A la larga, la ansiedad, la depresión, el estrés o cualquier mal manejo de las emociones puede detonar enfermedades incapacitantes eclipsando el desarrollo integral de las personas.

Es fundamental poner atención al manejo que le damos a nuestras emociones y a las señales que emana nuestro organismo: falta de concentración, desinterés por la vida, pérdida de apetito, poca socialización, pensamiento acelerado, taquicardia, insomnio, tristeza profunda, entre otras. Estas podrían ser alertas de lo que no ha sido resuelto interiormente. Por eso, este libro tiene el objetivo de ayudar a las personas a hacer un manejo adecuado de sus emociones, sin llegar al extremo de mantenerlas en el subsuelo de nuestra vida secreta.

1.5. ¿Para qué sirven las emociones?

Cómo primer paso, es importante conocer algunas de las funciones que tienen las emociones en nuestro diario vivir. He conocido muchas personas, que al hacer este descubrimiento, incrementan sustancialmente su calidad de vida, mejoran sus relaciones y hasta su apariencia física.

Me acuerdo de una mujer que asistía a un curso de inteligencia emocional que yo impartía en la iglesia Oasis en Costa Rica. Esta señora llevaba algún tiempo de estar luchando contra su peso. Había tenido grandes problemas para lograr resultados visibles. Lo había intentado una y otra vez, bajo todos los métodos existentes, y aun así, cada vez se alejaba más del cuerpo que soñaba tener.

Cuando descubrió que incluso podía usar la ansiedad que sentía (y que trataba de evadir) para lograr el objetivo de bajar de peso, su felicidad apareció nuevamente como un amanecer. Los niveles de ansiedad disminuyeron considerablemente y después de finalizar el curso de dos meses, ya había bajado 26 libras. No se trata de satanizar las emociones, sino de utilizarlas a favor de nuestros objetivos.

La ansiedad, en cierta medida, nos permite estar atentos y a no desenfocarnos de nuestro proyecto. Nos mantiene activos y nos impide bajar la guardia cuando debemos aplicar la autodisciplina. Esta mujer utilizó su ansiedad adecuadamente y la condujo a tomar decisiones saludables.

Cinco de las funciones principales que tienen las emociones son:

1. *Nos motivan a establecer límites y a tomar medidas.*
2. *Nos ayudan a sobrevivir, a prosperar y a evitar el peligro.*
3. *Nos ayudan a tomar decisiones.*
4. *Nos permiten ser empáticos con los demás.*
5. *Nos permiten comprender a los demás.*

1.6. ¿Cómo estamos diseñados?

Imagina que compras un celular que tiene la capacidad de detener el tiempo. Lo sacas de la caja y pones a cargar la batería. Hasta el momento no sabes que el celular tiene muchas más funciones de las que crees. Pasa el tiempo, y usas tu teléfono solamente para llamadas, mensajes y para descargar las aplicaciones que te dan ingreso a tus redes sociales. Después de muchos meses de haberlo usado, el aparato te parece normal y ya no lo ves con la misma ilusión como cuando lo compraste. Te acostumbraste a tenerlo y a usarlo, ya no te impresiona. No hay capacidad de asombro frente al aparato. Más bien, quieres venderlo o desecharlo para comprar uno más moderno.

Resulta que, un día, haces limpieza en tu cuarto y encuentras el manual de uso en la caja donde venía el celular. Durante todo este tiempo ignorabas que tu teléfono tenía un súper poder que hubieras querido utilizar para evitar algunas malas experiencias en tu último año. Pero ya no puedes devolver el tiempo. A partir de ese momento, solo tienes en tu celular la función de elegir, en el presente, los momentos que quieres detener y cambiar.

Sucede igualmente en la vida. No podemos devolvernos al pasado para cambiar momentos que nos avergonzaron o nos marcaron. Sin embargo, tenemos la oportunidad de conocer todas las increíbles "funciones" y "capacidades" que Dios ha puesto dentro de nosotros. Es nuestra tarea descubrirlas para tener una mejor calidad de vida, tomando mejores decisiones en el presente. La decisión más sabia que podemos tomar es vivir en la temporalidad del presente y no en la añoranza del pasado o en la incertidumbre del futuro.

De acuerdo con la Organización Mundial de la Salud (OMS) somos individuos físicos, emocionales, sociales y espirituales.[4] Esta definición no está muy apartada de la concepción cristiana del ser humano, que de hecho el apóstol Pablo lo expone en 1 Tesalonicenses 5:23, al decir: *"Y el mismo Dios de paz os santifique por completo;* ***y todo vuestro ser, espíritu, alma y cuerpo****, sea guardado irreprensible para la venida de nuestro Señor Jesucristo* (énfasis añadido).

Dios creó al ser humano bajo un diseño perfecto. La arquitectura del hombre y la mujer consta de tres grandes dimensiones: espíritu, alma y cuerpo; y como administradores de la vida que nos ha sido concedida, debemos velar, cuidar y mantener en buen estado cada una de ellas.

Existen tres extremos altamente peligrosos en los cuales podríamos caer con respecto al diseño original que Dios nos ha otorgado:

1. *Los creyentes solo espíritu:* Estos son excesivamente peligrosos, aunque tienen buenas intenciones y su motivación interna es ser cada día más sólidos

espiritualmente, su deseo siempre ha sido crecer en los caminos de Dios y adquirir la mayor cantidad de principios sobre la fe para ser verdaderamente espirituales. No obstante, al enfocarse solamente en el crecimiento espiritual, dejan de lado mantener una vida emocional y físicamente sana. Con facilidad, pueden convertirse en religiosos y la categoría de fariseos les queda a la perfección. No les importa estar enfermos en su cuerpo o llevar heridas emocionales del pasado porque creen que, de alguna manera, su crecimiento espiritual justifica sus dolencias. Ayunan mucho, leen la Biblia y la llevan bajo el brazo y cantan salmos en todo momento. Sin embargo, cuando tratan con los demás, dejan mucho que desear. No sonríen ni saludan. Son impacientes, juzgan y critican todo lo que no se ajusta a su doctrina o línea teológica. El dogma está por encima de la persona y defienden la verdad sin importar a quién atropellen. Por lo general, les exigen a los demás prácticas que ellos mismos no cumplen. Debemos tener cuidado de caer en este extremo, porque aunque la prioridad sea la de estar bien delante de Dios, su personalidad podría indicar todo lo contrario. (cf. Lucas 11:46, Lucas 18:9-14, Mateo 23:27-32)

2. ***Los creyentes solo alma:*** Son todas aquellas personas que viven en función de sus emociones. Aunque las emociones son realmente fundamentales, no deben gobernar las decisiones de una persona. Cuando "almatizamos" todas nuestras experiencias en la vida, vivimos en un carrusel de altibajos, puesto que los seres humanos experimentamos bastantes estados emocionales durante un solo día. ¿Se imaginan lo que es permitir que más de 70 estados emocionales, que son los que experimentamos aproximadamente, dicten el rumbo de nuestra vida en un solo día? Caeríamos fácilmente en un abismo de desesperación. Es prudente ser emocionales,

mas no emocionalistas. La diferencia está en que ser emocionales tiene relación con dejar que nuestras emociones constituyan parte de la armonía de la vida. Es decir, sentimos, pero pensamos antes de reaccionar. En cambio, ser emocionalistas describe a quienes viven inclinados a las emociones, es decir, sienten y actúan sin utilizar una respuesta racional. (cf. Mateo 5:37, Santiago 1:8)

3. ***Los creyentes solo físico:*** Aquellos que solamente se enfocan en su aspecto externo y en cómo los perciben los demás. Está asociado directamente a la superficialidad y a la vanidad. Han descuidado su vida espiritual y la dimensión de las emociones no tiene importancia en la construcción de su proyecto de vida. Solo se interesan por verse bien en el exterior. Son los que trabajan arduamente en su apariencia, pero descuidan considerablemente su esencia. Van por la vida trabajando, cumpliendo sus proyectos, ganando dinero, forjando un camino, pero viven desconectados de sí mismos. Pocas cosas los emocionan. Tienen tendencia a la tristeza porque llevan dentro de sí un alto nivel de insatisfacción, aunque muchas veces pareciera que tienen todo lo necesario para "ser felices". (cf. Proverbios 27:20; Gálatas 6:3; Jeremías 9:23).

1.7. ¿Qué es el alma?

Sobre la parte espiritual, podríamos decir que cuando nacemos de nuevo en Jesús y le recibimos (Juan 1:12), nuestro espíritu se unifica con el Espíritu de Dios (1 Corintios 6:17) y podemos tener una relación directa con Él. Es a través de nuestro espíritu que mantenemos un vínculo constante con Dios. De alguna manera, venimos de la muerte espiritual a la vida espiritual (Colosenses 2:13) y se nos abre la puerta para desarrollar una relación con Dios, quien es Espíritu (Juan 4:24).

Por otro lado, nuestro cuerpo es la cabina o tienda terrenal (2 Corintios 5:1) que Dios diseñó maravillosamente para depositar allí nuestra alma y espíritu mientras vivimos en la tierra. De igual forma nuestro cuerpo es considerado el templo en el que Dios mismo ha decidido habitar. (cf. Juan 14:2)

No obstante, a lo largo de este libro, nuestra base teórica y bíblica será el alma, sitio donde encontramos la actividad de la mente, la voluntad y las emociones. Por medio de nuestra alma mantenemos una relación con los demás y nos expresamos a través de ideas, pensamientos, reacciones, conductas y palabras, entre otras cosas.

De hecho, Salomón reconoce que por encima de cualquier cosa, es el alma la que debe ser preservada (cf. Proverbios 4:23). Debemos cuidar nuestra alma y darle mantenimiento. En Romanos 12:2 encontramos: *"No os conforméis a este siglo, sino transformaos por medio de la renovación de vuestro entendimiento, para que comprobéis cuál sea la buena voluntad de Dios, agradable y perfecta"*.

Mantenernos en esa renovación de nuestra mente es una tarea constante. Cada pensamiento que formamos, cada emoción que almacenamos e, incluso, nuestra forma de relacionarnos con los demás forman parte de esa renovación. Un alma sana (mente, voluntad y emociones) es el resultado de un proceso de autoanálisis, autoobservación y consciencia de las oportunidades de mejora.

Aplicación #1

1. En tu opinión, ¿qué son las emociones?

____

____

____

____

2. ¿Cuáles son las tres emociones con las que más te identificas? ¿Por qué?

____

____

____

____

3- ¿Identificas algún(os) argumento(s) erróneos con respecto a las emociones que has tenido a lo largo de tu vida? ¿Cuál(es)?

____

____

____

4- ¿Cómo puedes aplicar en tu vida la forma en la que Jesús procesó sus emociones?

____

____

____

5- ¿Qué propósito tienen (o tendrán a partir de ahora) las emociones en tu vida?

____

____

____

____

____

6- ¿Con cuál extremo de "perfil del creyente" te identificas más? ¿Por qué?

____

____

____

____

____

7- Escribe tu reflexión personal sobre el capítulo 1.

____

____

____

____

____

Capítulo 2

La inteligencia emocional

2.1. ¿Qué es la inteligencia emocional?

Hace algunos años, realicé una investigación psicológica con personas evangélicas de mi país. Se trataba de averiguar si la fe tenía un impacto positivo en la calidad de vida de los creyentes desde el modelo de la Calidad de Vida Relacionada con la Salud (CVRS) propuesto por la OMS.[1] Después de ver los resultados, noté que había algunas necesidades emocionales que afectaban a los entrevistados. De hecho, recuerdo que muchos de ellos sufrían del Síndrome del Pensamiento Acelerado, es decir la alta actividad de pensamientos durante el día y la incapacidad para poder controlarlo.[2] Algunos dormían poco, tenían una alimentación desbalanceada, se preocupaban en exceso, mantenían estados emocionales bastante fuertes, se enojaban con frecuencia y algunos batallaban para tener buenas relaciones sociales.

Me sentí muy confrontado. Realmente veía en cada uno de ellos el deseo de vivir bien, pero había impotencia para mejorar ciertos aspectos de su vida. Todo esto me llevó a plantearme varias interrogantes: ¿Qué había pasado con las emociones de los creyentes? ¿Dónde estaban escondidas? ¿Por qué habíamos hecho a un lado las necesidades afectivas? ¿Cómo podíamos retomar el control de nuestra vida? ¿Cómo tener mejores hábitos? ¿Cómo vivir realmente plenos en nuestro interior? ¿Qué debíamos hacer para conservar un estado de paz? ¿Cómo podíamos poner en práctica los principios bíblicos de amar al prójimo y empatizar con ellos? ¿Cómo sentir compasión verdadera? Me percaté de que estábamos profesando un mensaje que no era consecuente con la forma en la que intentábamos vivir.

Luego, tuve la oportunidad de trabajar varios años elaborando programas de crecimiento y desarrollo personal en distintos lugares, mayormente, en grupos de liderazgo, en empresas y en organizaciones. Me di cuenta de algo que sucedía con frecuencia y era parecido a lo que había visto en las iglesias años atrás. La mayoría de las personas tenían evidentemente una dificultad para relacionarse con los demás. Otros tenían malos hábitos de comunicación y se aprovechaban de los demás abusando de su poder. Algunos simplemente dejaban que sus arrebatos de ira dañaran a muchas personas a su alrededor. Jefes con desórdenes emocionales. Líderes con temores e inseguridades que se reflejaban en sus seguidores. Pude ver una carencia notable del manejo de las emociones.

Esto me llevó a apasionarme por el tema de la inteligencia emocional y el descubrimiento interior. Las preguntas que he tratado de responder a lo largo de estos años son: ¿Cómo podemos realmente ser coherentes entre lo que creemos y lo que vivimos? ¿Cómo podemos estar conscientes de que nuestro mensaje se traduce en una forma de vivir y sentir? ¿Cómo podemos convertir nuestras emociones en aliadas de nuestro proceso en Dios? Empecé a cuestionarme sobre los factores que son verdaderamente determinantes en el desarrollo integral de una persona. ¿Cuál era la clave para sobresalir? ¿Para destacar? ¿Para dejar un legado o una huella en las siguientes generaciones?

Antes de continuar, quisiera que, por unos segundos, cierres tus ojos y pienses en una persona que haya marcado tu vida para bien. Ahora, enumera la lista de razones del porqué esa persona significa tanto para ti. Cuando escuches las respuestas salir de tu boca, ya sea que las digas o las anotes en un papel, te darás cuenta de que lo más importante en una persona no son sus estudios, sus conocimientos, su cuenta bancaria, su belleza física, sus años de experiencia, su posición social, sino la vida que emana de su interior y su capacidad para transmitirla a otros. A leguas podemos distinguir quiénes portan algo para compartir.

Por muchos años, se privilegió el hecho de que una persona tuviera la mayor cantidad de títulos académicos y formación educativa posible. Esa era la señal para determinar si una persona tendría éxito o no en su carrera personal y profesional. Sin embargo, décadas atrás, las empresas y los investigadores comenzaron a notar que, a pesar de tener un alto coeficiente intelectual (IQ) y un bagaje de títulos, las personas no tenían éxito en su vida.[3]

De hecho, encontraron que había algunas habilidades y capacidades que no podían ser medidas a través de una prueba de inteligencia, como: la empatía, la capacidad de resolver conflictos o la cordialidad. Por lo tanto, se sugirió el concepto "inteligencia emocional" para describir esa lista de cualidades que identificaban a las personas de bien esos atributos que son intangibles.

El término inteligencia emocional fue utilizado por primera vez en 1990 por Peter Salovey y John Mayer, quienes lo definieron como la capacidad de controlar y regular los sentimientos de uno mismo y de los demás y utilizarlos como una brújula del pensamiento y la acción.[4]

Otros autores, de manera más simple, definen la inteligencia emocional como la **capacidad de identificar y manejar nuestras emociones y las emociones de otros.**[5] A lo largo de estos años, me he dado la tarea de formar a más de 1000 personas en el desarrollo de la inteligencia emocional. Luego de este tiempo, he conformado una definición propia que me ha servido para dar a conocer este apasionante concepto:

> *"El arte de vivir y sentir cada una de nuestras emociones sin ser gobernados por ellas".*

Por ejemplo, hay estudiantes que son sumamente brillantes en el colegio, obtienen buenos resultados, son capaces de memorizar datos como si fueran máquinas y hasta dan la impresión que llegarán a ser los genios del futuro. No obstante, algunos de ellos tienen vidas emocionalmente vacías y sufren de descontrol emocional. ¿Cómo resolver las emociones de rechazo aun cuando tienen calificaciones perfectas en los exámenes? ¿Cómo lidiar con la soledad a pesar de no haber repetido una sola materia en toda la carrera universitaria? Ser intelectual o atravesar las etapas naturales del desarrollo no está necesariamente relacionado con ser una persona inteligente en el área emocional. Son dos mundos paralelos y, lamentablemente, la educación en las sociedades se ha preocupado más por formar personas calificadas para carreras universitarias, mas no para la carrera de la vida.

Hace unos meses escuché una historia desgarradora que reconfirmó la importancia de trabajar con las personas para que fueran emocionalmente genuinas y ágiles. Me comentaron sobre una estudiante recién graduada de una universidad prestigiosa del país que tenía la oportunidad de ingresar al mundo laboral y destacarse como una de las mejores egresadas de la última década. Sus notas y calificaciones eran prominentes. En medio de un proceso difícil de desequilibrio emocional, la persona había decidido acabar con su vida en cuestión de segundos. No lo entendí, y realmente estuve consternado por unas semanas. Me dolió en lo profundo del alma y hasta derramé algunas lágrimas. Luego de haber procesado ese miniduelo (porque realmente no la conocía) llegué a la conclusión de que, mientras estuviera en esta tierra, cada día de mi vida iba a trabajar en ayudar a las personas a ser más desenvueltas y hábiles en sus capacidades emocionales.

2.2. ¿Por qué es importante desarrollar inteligencia emocional?

Muchas personas se me han acercado para preguntarme: "¿Cómo hago para desarrollar inteligencia emocional? ¿Cómo comienzo? ¿Qué debo hacer? ¿Cómo debo controlarme?". Esas son preguntas que nos podríamos hacer a menudo y me he interesado en poder responderlas de la forma más práctica posible.

Me gusta utilizar el siguiente ejemplo. Imaginemos a una joven de 25 años que presenció, durante su adolescencia, la infidelidad de su padre. A partir de ese momento, tuvo que hacerse a la idea de que la situación en su hogar nunca sería la misma. Su madre y su padre separados. Ella y sus hermanos debían elegir con cuál de sus padres vivir. Esta joven acumuló sentimientos de decepción y traición luego de haberse dado cuenta de la deslealtad de quien siempre había sido su héroe.

Desde entonces, nada fue igual. La joven aprendió una nueva forma de reaccionar. Tenía poca paciencia y no toleraba que su padre la llamara por teléfono o la buscara personalmente. Cada vez que lo veía, no podía dejar de pensar en todo el daño que le había causado a su familia y a sus hermanos. Reaccionaba de manera hostil y guardaba bastante rencor. No soportaba estar con su padre por mucho tiempo.

Para esta joven, la inteligencia emocional fue un proceso de desaprendizaje que llevó un tiempo. Requería un esfuerzo progresivo que comenzó con el desarrollo de la autoconsciencia, o en otras palabras "darse cuenta" de cómo estaba tratando a su padre. La inteligencia emocional es vernos a la luz de nuestras reacciones para detectar el origen de nuestras emociones.

Como hijos de Dios, debemos aprender la importancia de desarrollar la inteligencia emocional. El hecho de que hayamos vuelto a nacer como una criatura nueva (cf. 2 Corintios 5:17), no significa que todas nuestras emociones van automáticamente a ponerse en orden. ¡Ojalá fuera así! Pero eso nos recuerda precisamente que nos encontramos en un proceso de aprendizaje continuo, (cf. Filipenses 1:6). Tiene que haber un trabajo constante, serio y comprometido para ejercitar nuestra parte emocional.

Es importante desarrollar esta habilidad excelente porque nos encontramos diariamente en la posición de tomar decisiones trascendentales para nuestra vida. ¿Con quién me casaré? ¿Qué vehículo debo comprar? ¿Debo invertir en eso? ¿Mi empleo ofrece las mejores condiciones? ¿Me siento satisfecho con mi vida en general? ¿Cómo respondo ante la crítica constructiva? ¿Qué hago cuándo me enojo? ¿Cómo resuelvo este conflicto que no he superado? ¿Qué haré si me traicionan?

Una persona con inteligencia emocional no pasa desapercibida. Es alguien que valora los pequeños detalles: extiende la mano para saludar, sonríe a los demás, alienta a quien no cree en sí mismo, escucha el dolor ajeno; pero sobre todas las cosas, se escucha y conoce a sí mismo.

Algunos beneficios de tener inteligencia emocional:

- *Nos conoceremos mejor*: fortalezas, debilidades, reacciones, pensamientos y sensaciones.
- *Nos entendemos mejor y tenemos más paciencia con nosotros mismos.*
- *Podemos cambiar.*
- *Podemos sostener diálogos mucho más constructivos.*
- *Podemos regular mucho mejor nuestros impulsos.*
- *Podemos elegir intencionalmente cómo deseamos actuar y comportarnos.*
- *Podemos desarrollar una vida más disciplinada.*
- *Podemos tratarnos mejor.*
- *Podemos ser más agradecidos.*

Una vez escuché una historia, relatada por una consultora internacional, que me hizo sentir escalofríos en todo el cuerpo. (Para efectos de este libro, el personaje tiene un nombre ficticio). Era la historia de una señora que, en una corta reseña, me enseñó grandes lecciones de vida que jamás olvidaré. Se trataba de Clara, una adulta mayor que vivía en un barrio muy pobre. Tenía aproximadamente 90 años. Su casa era muy pobre, apenas algunas láminas metálicas eran el techo que la cubría del frío por las noches. Además, tenía que cuidar a su nieto porque su hija, la madre del niño, lo abandonó. Algunos vecinos les compartían de sus alimentos, porque ella y su nieto no tenían absolutamente nada que comer. Sus fuentes de ingreso eran prácticamente nulas. La pensión alimentaria no le alcanzaba para llegar ni siquiera a mitad de mes.

Además de ser una casa pobre, no tenía puertas; así que los ladrones aprovechaban para entrar a su casa en las noches y robarle lo poco que tenía. Una cadena de televisión se acercó a la casa de doña Clara en una obra de beneficio social y se dieron cuenta de la triste condición en la que vivía. Este grupo se ofreció a financiarle una mejor calidad de vida. Sin embargo, cuando le preguntaron cuál era su principal necesidad, contestó: "Quiero una puerta para que no nos roben lo que el Señor nos provee día con día". La respuesta asombró a los funcionarios del canal. Muchos habrían pensado que su respuesta sería: "Quiero una casa nueva" o "Llévenme a vivir a otra ciudad". Todos quedaron sorprendidos de la gratitud que había en el corazón de doña Clara. La inteligencia emocional nos permite estar continuamente agradecidos con la vida, sin importar el estrato social donde nos encontremos. (cf. 1 Tesalonicenses 5:18). Doña Clara realmente había comprendido bien el mensaje de Jesús en las bienaventuranzas del Sermón del Monte.

2.3. Características de una persona con inteligencia emocional

Algunos principios que he aprendido como características de las personas con alta inteligencia emocional y que las hace sobresalir en donde estén, son los siguientes:

- *Saben lo que sienten y buscan el porqué:* Esto no quiere decir que tienen una brújula aplomada para saber exactamente qué están sintiendo en cada momento, como si se tratara de una fórmula matemática. Al contrario, son personas que se esfuerzan constantemente por descubrir la razón de sus emociones y cuál podría ser el origen. No dejan que pase demasiado tiempo sin resolver algún estado emocional perturbador, que se desalinee de lo normal. Se dan la tarea de examinarse frecuentemente.

- ***Hay una relación entre lo que piensan, sienten y hacen:*** Saben que los milisegundos que transcurren, entre lo que sucede y lo que se hace al respecto, es la clave para desarrollar inteligencia emocional. El lapso que hay en esos fragmentos de segundo es lo que puede marcar la diferencia. Fácilmente podrían dejarse guiar por sus instintos, pero han cultivado la capacidad de pensar antes de reaccionar, lo cual es una virtud aprendida de la inteligencia emocional.
- ***Conocen sus puntos fuertes y sus oportunidades de mejora:*** El autoconocimiento es la columna vertebral de la personalidad. Una persona con alta inteligencia emocional tiene dentro de su lista de cualidades, la más importante: la humildad. Reconoce que su debilidad es la fuente de la fortaleza, y, al tener en la palestra sus oportunidades de mejora, no cesa de trabajar en la mejor versión de sí misma.
- ***Reflexiona y aprende:*** Una de las características más notorias en estas personas es que los fracasos no significan retrocesos. Los momentos estresantes o desafiantes de la vida se convierten en momentos de propósito. El aprendizaje es continuo, puesto que no se conforman con pensar ingenuamente que los errores son solo errores. Al contrario, buscan la manera de transformar los pequeños percances en grandes lecciones.
- ***Autoconfianza, no autosuficiencia:*** Hay una diferencia abismal entre desarrollar autoconfianza y enredarse en la trampa de la autosuficiencia. La autoconfianza es necesaria en nuestro caminar diario. Si no creemos en lo que somos, nadie lo hará por nosotros (cf. 1 Pedro 4:11). Sin embargo, tener confianza no significa necesariamente que se le podrá hacer frente a todo y quedar inmunes. Todo lo contrario, la autoconfianza es también una forma de recordarnos que no somos infalibles. La autosuficiencia es la antesala del orgullo, y el orgullo

es la causa fundamental de la derrota en la vida. (cf. Proverbios 16:18)

- ***Críticos, no criticones:*** Tienen la habilidad de expresar su opinión sin ser impositivos. Suelen acercarse a los demás con el fin de edificar y no de restar valor. Sus comentarios son constructivos, y sí se toman el tiempo para darlos a conocer cuando es necesario. La asertividad es parte de su código de valores, son oportunos y se preocupan intencionalmente en proveer soluciones antes de enfatizar el problema.
- ***Resiliencia activa:*** Hay una característica bendita que los identifica. Se levantan de las pruebas estresantes y de los momentos más grises de la vida. No claudican a la primera. No renuncian fácilmente. No ceden con ligereza. Se toman las cosas en serio, y aunque el dolor aparezca en el camino, sanan sus heridas y van en busca de un propósito mayor. Enfrentan sus dificultades con todas sus fuerzas, pero con su corazón puesto en la confianza de su fe. No son pasivos, son proactivos.
- ***Pensadores:*** No viven en piloto automático porque saben que si no toman el control, con el tiempo, los pensamientos dominarán al motor más potente del mundo que es su mente. Serán como un yunque que les aplasta la creatividad y el ingenio fértil de las ideas. Toman las riendas de su vida y traen sus pensamientos a la realidad, los acercan a la verdad y los adiestran a la realidad de la vida. No son señoreados por la rigidez del pensamiento, sino que los gobiernan con el timón de la verdad que define sus vidas.

2.4. La inteligencia emocional en el contexto cristiano

Son muchas las consecuencias que podemos acarrear a nuestra vida cuando carecemos de inteligencia emocional. Por ejemplo, pudieron haberse evitado muchos divorcios, círculos de violencia intrafamiliar, negocios destruidos, deudas hasta el cuello, enfermedades sexuales, infidelidades, autolesiones, entre otras conductas.

El analfabetismo emocional se ha propagado a lo largo de los años en diferentes comunidades de fe. No quiere decir que todos los creyentes posean un bajo nivel emocional; sin embargo, el énfasis de nuestro mensaje se ha centrado en el ámbito del cumplimiento de reglas y preceptos, mas no en la mejora integral del creyente.

Existen muchos problemas en los círculos de fe que merecen ser tratados desde la agilidad emocional; o, en otras palabras, de forma más madura. En Eclesiastés 10:1 se nos enseña que las moscas hacen oler mal al perfume del perfumista. Por más logros que hayamos alcanzado en la vida o desarrollo individual y profesional que tengamos, la carencia de inteligencia emocional puede derrumbar todo lo que hemos construido con arduo trabajo.

Por ejemplo, ¿cuántos maridos, al no conocer sus emociones, eligen ser infieles a sus esposas en vez de canalizar adecuadamente lo que están sintiendo? ¿Para cuántas personas es la pornografía un alivio y no entienden que hay una emoción que desata la demanda de este hábito? ¿Cuántas personas compran compulsivamente sin haber explorado la emoción que **detona** este estado ansioso por tener más?

Los creyentes no podemos olvidar que aún poseemos vestigios de nuestro viejo hombre (cf. Efesios 4:22) y tenemos la tarea de renovar nuestra mente (emociones y pensamientos). Es decir, la tarea constante de examinar nuestros propios pensamientos no es algo que haya inventado la psicología, sino el mismo Creador que colocó en nosotros la facultad de pensar.

Un ejemplo que me conmueve profundamente es el de Jesús atravesando quizás el momento más crítico de toda su vida en la tierra. Se encontraba completamente deshidratado, golpeado, azotado y el dolor que experimentaba en su cuerpo no podía describirse.

El doctor en patología William Edwards indica que la muerte de Jesús no fue por asfixia, ni por la pérdida de sangre. Los crucificados habitualmente morían por deshidratación, insuficiencia cardíaca, arritmia o daños en la cavidad pleural.[6]

Él comenta que a Jesús no le rompieron las rodillas como a los demás criminales, lo que ocasionaba que de inmediato su cuerpo cayera por la gravedad del peso y murieran rápidamente por asfixia. En el caso de Jesús, los azotes que recibió, la falta de alimento y descanso, además de la crucifixión, hicieron que muriera antes que los dos ladrones que fueron crucificados ese mismo día.

La Biblia muestra, en Juan 19:34, que cuando el soldado romano se dio cuenta de que Jesús ya había muerto, le insertó una lanza en su costado, y en ese momento salió agua y sangre. Según la cardiología moderna, Jesús tuvo una interferencia en la respiración debido a los clavos en las muñecas y en los pies provocándole coágulos de sangre internos. Usando terminología médica: "Cuando el pericardio (una capa que cubre el corazón) se rompe, el líquido que este contiene sale inmediatamente". Aunando esta declaración con su ruptura cardiovascular, la conclusión del estudio es que: **a Jesús le explotó el corazón.**

Antes de ese impresionante escenario, hay una escena en la vida de Jesús que no puede pasar desapercibida. En Lucas 23:34 Jesús dice: "Padre, perdónalos, porque no saben lo que hacen". Aquí, la pregunta que nos podríamos hacer es ¿Qué ser humano, en sus cinco sentidos, tiene la capacidad de pedir perdón por otros y extender la mano amiga cuando lo están sometiendo al índice más alto de dolor?

Esto nos muestra que Jesús contaba con la asombrosa capacidad emocional de poseer un código intencionado para reaccionar. Él había decidido previamente cómo iba a reaccionar frente a la crítica (cf. Juan 6:41-44), la burla (cf. Mateo 27:28- 28:3) y la vergüenza (cf. Hebreos 12:2). Eso, mis queridos amigos, es **inteligencia emocional** en su máxima expresión.

2.5. Inteligencia emocional e inteligencia espiritual

La inteligencia espiritual es el resultado de nuestra experiencia con Dios. Según algunas investigaciones, este término se asemeja al que conocemos bíblicamente como sabiduría. De hecho, Proverbios 1:7 menciona que el principio de la sabiduría es el temor a Dios.

Por lo tanto, la inteligencia espiritual tiene que ver con la esperanza y el sentido de trascendencia. Es la capacidad individual de cada creyente para visualizar su vida terrenal a la luz de su destino eterno. Esto provee un gran soporte al desarrollo de la inteligencia emocional. Es mucho más sencillo para una persona trabajar en sus aspectos sociales e interpersonales si toma en consideración el mensaje principal de su fe.

Otros autores dicen que inteligencia espiritual es "estar feliz" independientemente de las situaciones que nos ocurran en la vida.[7] La capacidad de mantenernos en armonía con Dios, con nosotros mismos y con los demás es la pirámide de la inteligencia emocional. Algo que definitivamente Jesús exponía al decir: "*Amarás al Señor tu Dios con todo tu corazón, y con toda tu alma, y con toda tu mente. Este es el primero y grande mandamiento. Y el segundo es semejante: Amarás a tu prójimo como a ti mismo*" (Mateo 22:37-39).

Sobre esta pirámide, que aparece a continuación, es importante mencionar que partimos del hecho de que, en términos de desarrollar inteligencia emocional, no podemos enfocarnos en las emociones ajenas sin antes haber tomado un momento para autoevaluarnos. Muchos podrían caer en el error de señalar las carencias afectivas y emocionales que ven los demás sin primeramente haber echado un vistazo a sus propias necesidades.

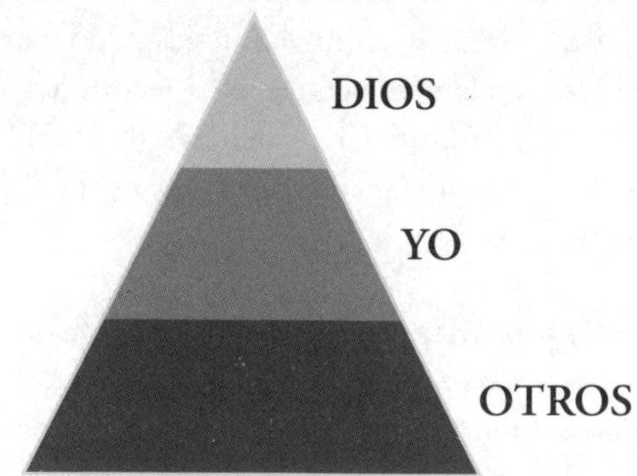

Aplicación #2

1- En tu opinión, ¿cómo defines la inteligencia emocional?

____

____

____

2- Escribe al menos dos experiencias en las que hayas tenido que utilizar la inteligencia emocional.

____

____

____

3- Menciona dos beneficios principales de la inteligencia emocional que te interesa obtener.

____

____

____

4- ¿Qué características de la inteligencia emocional tienes y cuáles te faltan?

____

____

____

5- ¿Cómo ha sido el desarrollo de la inteligencia emocional con relación a tu fe?

____

____

____

6- De acuerdo con la pirámide de la inteligencia emocional ¿cuál es el orden de tu vida emocional?

____

____

____

7- Escribe tu reflexión sobre el capítulo 2.

____

____

____

Capítulo 3

AUTOCONSCIENCIA

3.1. ¿Qué es la autoconsciencia?

Siglos atrás, los antiguos griegos (algunos lo atribuyen a Sócrates, otros a Heráclito e incluso a Pitágoras) utilizaron la inolvidable frase: "*Conócete a ti mismo" y* hasta decoraron el templo de sus principales deidades con la leyenda y la colocaron en su estructuras arqueológicas principales.

Para algunas culturas, incluso el cristianismo, era sumamente importante conocerse a sí mismos. Dedicaban horas y energía a un ejercicio reflexivo para profundizar en las emociones, estado de ánimo, fortalezas, debilidades, decisiones, pensamientos y voz interna.

De hecho, en el libro de Hageo, Dios motiva al pueblo a meditar sobre sus caminos (cf. Hageo 1:7). Es el propósito de Dios que nosotros hagamos un **¡alto!** en el camino para considerar nuestro ser interior. Incluso, el salmista reconoció que un buen tiempo para llevar a cabo esta práctica era antes de dormir, justamente cuando hacemos un pequeño recuento mental de lo que sucedió en nuestro día. (cf. Salmos 4:4b). ¿Qué pensamientos tengo? ¿Qué es lo que normalmente digo? ¿Cómo reacciono ante el estrés? ¿Cómo canalizo la crítica? ¿Qué es lo que más me enoja? ¿Soy de las personas que reaccionan impulsivamente? ¿Soy de los que se cierran y aíslan de los demás? ¿Soy de los que guardan su malestar y no lo comparten con nadie? Es sumamente importante que aprendamos a reconocer cuál es nuestra **forma de conducirnos en la vida.**

Daniel Goleman indica que la autoconsciencia es la piedra angular de la inteligencia emocional.[1] Un ejemplo sencillo para comprender cómo opera la autoconsciencia es escuchando nuestra voz interior; a esta conversación se le llama *diálogo interno* (ver capítulo 4).

De acuerdo con el estudio realizado por Tasha Eurich, reconocida psicóloga organizacional, se dice que solamente del 10 al 15 por ciento de las personas son verdaderamente autoconscientes.[2] De acuerdo con la Universidad de Duke (2017) en uno de sus estudios se demostró que los seres humanos no están conscientes del 40 por ciento de lo que hacen durante el día.[3] Podríamos definir la autoconsciencia como la "*capacidad de reconocer nuestros estados de ánimo, limitaciones, defectos y recursos, o nuestras propias intuiciones*".[4]

Saber cuáles son los defectos y las cualidades de nuestro carácter nos permite trabajar sobre esas áreas para mejorarlas. Recuerdo que hubo un tiempo en mi vida en que sentía repulsión y malestar por aquellas personas que identificaban algo negativo en mi personalidad. En otras palabras, no sabía cómo recibir maduramente los comentarios de mejora que otros me hacían. Me sentía molesto, enojado y en ocasiones, recibía de muy mala forma las sugerencias de los demás.

Al paso de los años, me percaté de que tenía dificultades para recibir crítica constructiva y, por eso, estaba perdiéndome la bendición de mejorar en algunos aspectos. No estaba acostumbrado a ser corregido en mis acciones y, mucho menos, en mis pensamientos. Después de un largo proceso, me di cuenta de que tener a la vista nuestras debilidades es una forma de mantenernos constantemente en un camino de humildad. Aquel que no es capaz de ver en sí mismo sus falencias, tendrá la costumbre de señalar más rápidamente el error ajeno antes que el propio. (cf. Mateo 7:5).

De acuerdo con el artículo de Eurich, efectuado en la Universidad de Harvard, existen dos tipos de autoconsciencia: **la interna**

y externa. La interna se determina según la claridad con la que vemos nuestros valores, pasiones, aspiraciones; y con esta somos capaces de entender cómo todo eso encaja con nuestro entorno e impacta los demás. ¿Cuáles son tus valores? ¿Principios? ¿Sueños? ¿Aspiraciones? Por mi manera de ser, suelo hacer imágenes y semejanzas mentales de lo que creo y pienso. En este caso, siempre he definido la autoconsciencia interna como un faro en la oscuridad, en medio del mar, que alumbra todo nuestro ser. Literalmente, es una lámpara que se enciende, y cuyo alcance nos permite ver todo lo que hemos albergado en nuestro interior, tanto lo positivo como lo negativo.

Por otro lado, la externa nos permite comprender cómo nos ven otras personas. Saber cómo nos ven los demás es un ejercicio **sano** para tener empatía con ellos y tener en cuenta los puntos de vista de los otros. Un proverbio judío dice: *"La primera vez que alguien te llame "caballo" defiéndete. La segunda, llámale igual. La tercera, va siendo hora de ir a comprar una silla de montar".*

Lo anterior es un ejemplo de que siempre es importante escuchar lo que otros piensan de nosotros, porque muchas veces *sin querer queriendo* nos están diciendo algo que puede ser cierto. La clave se encuentra en tener siempre un equilibrio entre ambos puntos de vista, lo que nosotros conocemos y lo que otros conocen sobre nosotros mismos. A esto le llamo **autoconsciencia equilibrada.**

Haber llegado hasta este punto nos asegura el 75 por ciento de cualquier cambio o proceso en nuestra vida. *"Darnos cuenta de"* nos permite ver situaciones y cosas que antes ignorábamos. Por ejemplo, hay personas que se muerden constantemente las uñas y no se dan cuenta en qué momento específico lo hacen. Otros, tienen la costumbre de criticar a los demás como una respuesta automática a lo que no les parece. O bien, pensar negativamente sobre todo lo que ocurre sin *caer en cuenta* que están dejando entrar pensamientos como: "yo no puedo", "siempre me pasa a mí", "esto no va a cambiar" "mi pareja tiene tantos defectos", entre otras cosas. Las buenas noticias son: ¡Podemos desarrollar autoconsciencia!

3.2. Mis áreas de oportunidad

Para poder fortalecer la autoconsciencia tendremos que mantenernos en constante evaluación de nuestras debilidades. Reconocer es el primer paso para mejorar. Realizar este ejercicio no siempre es agradable. Estaremos frente al espejo de la sinceridad y quedará al desnudo lo que realmente somos. Me he dado cuenta de que, en la vida, hay situaciones específicas que tienen como propósito evidenciar en nosotros esas áreas de oportunidad de las que aún no estamos conscientes. Una discusión acalorada que exhibe nuestra forma de reaccionar. Una noticia inesperada que nos deja atónitos. Hay situaciones que sacan a la luz lo que llevamos dentro.

En muchas ocasiones, nos quejamos de las circunstancias que parecen venir, sin propósito aparente, como un huracán arrasando todo lo que hay en nuestra vida. Solemos poner nuestros ojos en la explicación del porqué y no en el *para qué*. Una de las preguntas que nos puede funcionar para encontrar un propósito tangible en las adversidades es: ¿Cómo éramos antes y cómo somos después de la crisis? Si queremos ver a una persona en su esencia no debemos analizarlos en las primaveras de la vida, sino en los inviernos de la existencia.

Las preguntas a continuación nos permiten hacer un autoanálisis acerca de lo que somos y cómo nos vemos: ¿Cuáles crees que son tus principales oportunidades de mejora en tu carácter? ¿O esas actitudes que socavan tus relaciones interpersonales? Algunos ejemplos de lo que podríamos encontrar: manipulación, celos, traición, hipocresía, infalibilidad, irritabilidad, falta de concentración.

3.3. Técnicas para desarrollar autoconsciencia

En una ocasión tuve la oportunidad de compartir con una consultora organizacional. Con base a la interacción que tuve con ella, su trabajo y exposición, he podido poner en práctica algunas técnicas que me han permitido brindar soluciones prácticas y efectivas para desarrollar autoconsciencia en escenarios cotidianos con distintos grupos. A continuación, comparto algunas de ellas:

3.3.1 Primero yo, después los demás

Es mucho más sencillo hacer un listado de atributos sobre los demás que sobre nosotros mismos. Es fácil identificar a una persona hiriente, indisciplinada o irresponsable de acuerdo con lo que nosotros creemos. Quizá no nos resulte tan complicado reconocer a las personas más alegres, agradecidas y risueñas de nuestra familia. Como seres humanos, tenemos la capacidad de clasificar a otras personas con mayor facilidad.

Sin embargo, cuando se trata de nosotros, clasificar nuestras virtudes principales, destrezas, valores y **fortalezas** es una ardua tarea, algo que no hacemos con regularidad.

En una ocasión, me encontraba trabajando y entrenando a un grupo de niños y adolescentes (tenistas de mesa) que se preparaban para los Juegos Nacionales en Costa Rica. Eran niños de 7 a 18 años en distintas categorías. En una de las dinámicas de la sesión, mi objetivo era generar trabajo en equipo entre los integrantes. Uno de los pilares del trabajo en equipo es el reconocimiento individual de cada uno de sus miembros. Para mí, era fundamental que cada uno de ellos supiera que tenían un valor único dentro del grupo.

La actividad consistía en que cada integrante debía reconocer una fortaleza y una debilidad de sí mismo como jugador. Parecía irreal, pero incluso para los niños era más sencillo señalar los aspectos negativos que los positivos. La mayoría de ellos tenía claro cuáles eran las virtudes de sus otros compañeros, pero no las propias: el movimiento, el revés, el saque, la tolerancia a la frustración, la técnica, la constancia, entre otras. Pero, cuando se trataba de pedirles a ellos que dijeran algún atributo de sí mismos, tardaban segundos en responder hasta que otros compañeros alzaban la voz para contestar en su lugar.

Esta experiencia me dejó un aprendizaje que he aplicado hasta el día de hoy y que trato de reforzar en los grupos en los que he tenido la oportunidad de colaborar: enseñamos socialmente a los demás a castigar rápidamente su propio error, pero no los facultamos para celebrar sus propias victorias. Tenemos a muchos niños castigándose impulsivamente por sus faltas, y a pocos festejando sus logros. Parece ser que nos hemos enfocado mucho tiempo en evadir la derrota, y no en la enseñanza de cómo levantarse después de la caída.

El principio de vernos a nosotros antes que a los demás consiste en voltear el dedo índice, con el que normalmente señalamos las características de los demás, y posicionarlo sobre nosotros. Es un ejercicio en el que, antes de señalar a una persona con etiquetas, nos interrogamos primero a nosotros mismos.

Por ejemplo, imaginemos que en nuestra familia hay una persona que se caracteriza por ser impuntual y usualmente llega tarde a los eventos familiares. El ejercicio consiste en que, antes de señalar la impuntualidad de nuestro pariente, resaltemos nuestras virtudes e incluso observemos honestamente si tenemos oportunidades de mejora. Eso nos permite estar al tanto de cómo podemos beneficiar el ambiente y no colocar de forma inmediata una etiqueta sobre los demás por sus debilidades. (cf. Lucas 6:41-42). Una persona que identifica claramente sus necesidades sabrá cubrir las necesidades ajenas con mayor empatía.

3.3.2 ¿Apaciguo o agravo?

Esta es una técnica sumamente útil para identificar cuál es nuestra participación en las situaciones del día a día. Nos permite ver si somos personas que mejoramos o empeoramos el ambiente en el que estamos. Consiste en visualizar mentalmente si apaciguamos o agravamos los eventos. Por lo general, esta técnica se utiliza en centros de trabajo, pero puede aplicarse en cualquier escenario. Puede servir como una herramienta para fortalecer las relaciones familiares, de pareja, ministeriales, etc.

Por ejemplo, imaginemos que hay un conflicto en el hogar, el clima familiar está tenso y las palabras van y vienen. Se ha sobrepasado el límite del respeto, se sube el tono de la voz y las palabras comienzan a ser hirientes. Ante un escenario como este, el principio de ¿apaciguo o agravo? funciona haciéndonos las siguientes preguntas: ¿Soy una persona que promueve la discusión o genera tranquilidad en el ambiente? ¿Soy participante o mediador?

En las discusiones o problemas, ¿cuál es mi reacción natural? ¿aplaco el momento como un manantial de agua o empeoro la situación expandiéndola con más fuego? (cf. Proverbios 15:1). Imaginarnos en esta situación, de manera gráfica, nos permitirá tomar decisiones conscientes e intencionadas sobre cuál debe ser nuestro modo de actuar. Además, nos permite darnos cuenta de que, si alguien sale lastimado, podemos ser más precavidos en nuestras intervenciones o incluso notar si creamos resentimiento o ganamos algo con la forma en que nos comportamos.

3.3.3. El principio del objeto caliente

¿Te has quemado en algún momento de tu vida con un material caliente en la mano? Esta metáfora nos permite comprender que cuándo procesamos mal nuestra emoción es cómo mantener ese objeto caliente en nuestras manos con la intención de que sea la otra persona la que sufra la quemadura. La única persona que se quema es la que tiene el objeto en sus manos. Es prácticamente un engaño que nos hacemos al pretender que estamos haciendo justicia.

Cuando nos enojamos y decimos cosas sin pensar, lo que estamos haciendo literalmente es tratar de resolver un problema que está fuera de nuestro alcance. Lo más sabio es soltar el objeto para no seguirnos quemando.

Hay varias cosas que nosotros no podemos controlar, pero hay cuatro cosas que definitivamente están bajo nuestro poder: **lo que pensamos, lo que sentimos, lo que decimos y lo que hacemos.**

Cuando decidimos soltar el objeto, recibimos beneficios inmediatos. Cuando perdonamos y soltamos el resentimiento, cuando entendemos que somos responsables solamente de nuestra salud mental y no de la de los demás, descansamos sobre la idea de permanecer en un estado de paz (cf. Colosenses 3:15).

3.4. La autoconsciencia y Dios

¿Desea Dios que estemos atentos a nuestra voz interna? ¿Desea Dios que estemos conscientes de nuestra necesidad de ser mejores cada día? ¿No somos ya aceptos en Dios y eso es suficiente? (cf. Efesios 1:6).

Se dice que los cristianos no debemos hacer absolutamente ningún mérito para ser aceptados por Dios, puesto que Jesús propició por cada uno de nuestros pecados (cf. 1 Juan 2:2).

Efectivamente, a través del sacrificio de Jesús en la cruz nuestros pecados fueron absueltos de una vez por todas. Podría surgir la pregunta, ¿qué responsabilidad tengo yo sobre mis debilidades o defectos? Es una pregunta válida, sin embargo, no podemos perder de vista que día con día somos perfeccionados para llegar a ser una mejor versión de nosotros mismos (cf. Efesios 4:13). Esa es la voluntad de Dios, que seamos perfeccionados. (cf. Filipenses 1:6)

De alguna manera, es un pensamiento conformista considerar que "ya somos así" y que no tenemos que cambiar. Ciertamente, vivimos en un constante cambio, incluso nuestro cerebro tiene la capacidad de aprender cosas nuevas cada día y de adaptarse a cada experiencia. Sin duda, una de las barreras más altas que nos ponemos en la vida es la negación al cambio, escudándonos bajo la peligrosa frase y pensamiento tóxico: "yo soy así".

Por eso, siempre he refutado aquel famoso refrán que dice "el que nació para maceta del corredor no pasa" haciendo alusión a que es prácticamente imposible cambiar si ya tenemos una predisposición a ser de una forma. O sea que si en la familia todos son gritones, también lo iban a ser los hijos. O bien, si hay infidelidad, todos van a repetir el mismo patrón. Si nadie estudia, todos van a continuar con el mismo comportamiento. Si ninguno es exitoso profesionalmente, los demás también fracasarán en su vida.

En lo personal, creo todo lo contrario; considero que sí podemos cambiar independientemente del contexto en el que hayamos nacido o de la historia de vida que pese sobre nuestras espaldas. Sin importar el apellido que llevemos después de nuestro nombre o la carga genética que portemos en nuestro ADN. Mi propuesta del refrán es: "el que nació para maceta... aun así, puede salir al bosque más espacioso y florecer como la planta más hermosa del jardín".

Dios es el principal interesado en que podamos estar conscientes de nuestras áreas de oportunidad principales, y así, ser mucho más influyentes en la historia de nuestra vida, casa, familia y país. ¡Es el deseo de Dios que nos encontremos con nuestro verdadero yo para potenciarnos a ser nuestra mejor versión!

¡Ojo con esto! Podría suceder que haya personas que se sientan culpables de cosas que hicieron o no dejaron de hacer. Ejercitar la autoconsciencia tiene que ver con poder ser críticos de nosotros mismos sin caer en el señalamiento o soltar el látigo sobre nuestros errores. Por ejemplo, una persona puede darse cuenta de que padece de ansiedad y mucho estrés, esto sirve para que pueda tomar decisiones al respecto y buscar soluciones, pero no para cargar con culpa y señalarse a sí misma de sentirse ansiosa. ***La culpa es el principal enemigo del proceso de la autoconsciencia*** (cf. Juan 8:11).

Cuando hacemos algo que no deseábamos u omitimos realizar un acto positivo, nos invade inmediatamente un sentimiento de culpa señalando lo que no hemos hecho bien o hemos dejado de hacer. De hecho, se ha detectado que tanto los hombres como las mujeres con altos niveles de culpa pueden desarrollar problemas de salud. Incluso, pueden comprometer su funcionamiento mental en tareas de concentración y en la realización de las tareas cotidianas. El sentimiento de culpa distrae y nos hace recurrir al autocastigo para "compensarnos" emocional y moralmente sin remediar absolutamente nada.

Aunque parezca extraño, la culpa no siempre es negativa sino que nos puede llevar a un proceso sano de responsabilizarnos por nuestros actos. Entre culpabilizarnos y responsabilizarnos hay una diferencia vital y es el amor propio. En otras palabras, cómo decidimos tratarnos. La culpa solamente agota nuestras fuerzas y deteriora progresivamente nuestra vida interior. La culpa tiene múltiples entradas, pero pocas salidas.

Por su lado, la responsabilidad despierta en nosotros un sentido de sana ocupación para aceptar nuestros errores, reivindicarnos y volver a hacer las cosas con mayor prudencia. La responsabilidad es la habilidad para responder a la altura de las circunstancias y con la madurez esperada. Hemos creído que la clave de una sociedad sana está en que las personas sientan culpa y remordimiento por sus actos. Más bien, el secreto de una generación exitosa es asumir con madurez y responsabilidad cada una de sus acciones.

Aplicación #3

1- En tu opinión, ¿qué es la autoconsciencia?

____

____

____

2- Escribe a continuación una pequeña descripción personal: ¿Quién eres?

____

____

____

3- ¿Cuáles son tus fortalezas principales?

____

____

____

4- ¿Cuáles crees que son tus oportunidades de mejora principales?

____

____

____

5- ¿Cuál ha sido un momento importante en tu vida donde has agravado la situación en lugar de apaciguarla?

____

____

6- ¿Cuáles fueron las consecuencias de haber generado más tensión?

___

___

7- ¿Quiénes salieron afectados ante la situación? ¿Cuáles fueron los resultados? ¿Obtuviste algo positivo?

___

___

8- Enumera tres acciones que tomarías para apaciguar y no agravar el problema que afrontaste.

___

___

9. ¿Identificas alguna situación en tu vida en la que tengas el objeto caliente en tus manos? ¿Cuál? ¿Cómo te sientes al respecto?

___

___

10. Escribe a continuación un listado de frases que utilizarás para afirmarte día a día sobre lo valioso que eres:

___

___

11. Por favor, escribe tu reflexión sobre el capítulo 3.

___

___

Capítulo 4

El poder del diálogo interno

4.1. ¿Qué es el diálogo interno?

En el capítulo anterior, vimos la importancia de reconocer nuestra voz interna y desarrollar autoconsciencia (observación interna). A lo largo de todo este capítulo vamos a identificar específicamente cuáles son los pensamientos que nos definen.

Exploraremos el proceso de cómo se construyen nuestras creencias. ¿Por qué hemos pensado siempre que las cosas deben hacerse a nuestra manera? ¿Por qué solemos atribuir la responsabilidad de nuestros actos a los demás? ¿Cuándo comenzamos a creer que era bueno rechazar a los que nos rechazaban? ¿Por qué creemos que Dios debe responder como nosotros queremos? ¿Por qué vivimos decepcionados con el resto de las personas?

El autor británico, Thomas Fuller, citó la frase célebre: *"No tienes un enemigo más grande que el que se encuentra dentro de ti"*. Muchas veces, la persona con la que más luchamos es con nosotros mismos, nuestra forma de ser y pensar. Sin embargo, para poder vencer todos los argumentos que nos podrían estar frenando para avanzar, debemos cuestionar cuál es el dialogo que tenemos con nosotros mismos durante el día. ¿Qué nos decimos? ¿Cómo nos tratamos?

El diálogo interno es una conversación permanente que tenemos con nosotros mismos, y que, en la mayoría de los casos, es la causante de nuestros sentimientos, conductas y estados de ánimo". El salmista reconoció claramente su voz interna cuando expresó: "*'Ven y conversa conmigo'. Y mi corazón responde: 'Aquí vengo, Señor'*" (Salmo 27:8, NTV). Incluso, él se hablaba a sí mismo de forma determinada para hacer memoria de cuáles eran las bondades de Dios y recordar todo lo que Dios había hecho en él (cf. Salmo 103:1-5).

En otras palabras, el diálogo interno es el conjunto de pensamientos que pasan rápidamente por nuestra cabeza. En ocasiones, pasa tan rápido que no lo percibimos de forma consciente. Sin embargo, nuestra mente lo procesa y provoca en nosotros diferentes emociones.

Algunas de las características de un diálogo interno son:

- *Todos poseemos un diálogo interno.*
- *El diálogo interno no es necesariamente audible, puede ser la repetición de pensamientos automáticos.*
- *En el diálogo interno siempre hay un emisor y un receptor del mensaje. En este caso, somos nosotros mismos los que damos y recibimos el mensaje.*

4.2. ¿Quién es la persona con la que más hablas?

¿Te has preguntado alguna vez a quién le dedicas la mayoría del tiempo en tu vida? ¿Con quién compartes más momentos de calidad? ¿A quién le cuentas tus problemas? ¿Con quién te desahogas cuando necesitas aligerar tus cargas? ¿Quién tiene la capacidad de escucharte con facilidad? ¿Qué persona te inspira tanta confianza que podrías llamarle a cualquier hora y, de seguro, te atendería con mucho gusto?

¿Quién es la persona con la que más hablas? Posiblemente sea Dios, tu pareja, tus hijos, algún pariente, los compañeros de trabajo, los clientes, etc. Sin embargo, la respuesta ideal a esta pregunta debería ser "conmigo mismo". Tenemos a mano una herramienta súper poderosa que es capaz de impulsarnos a tener otra perspectiva sobre la vida, sobre Dios y sobre nosotros mismos. Esa herramienta es la virtud que tenemos de *desarrollar un diálogo permanente en lo secreto de nuestro interior.*

Cuando aprendemos a reconocer nuestra voz interna, nos mantenemos alerta sobre los pensamientos que tenemos y dejamos fluir en nuestra mente. Pablo, recomienda que debemos seleccionar inteligentemente nuestros pensamientos. Es decir, nos enseña una de las técnicas más importantes para identificar *qué es lo que pensamos*

Menciona lo siguiente: *"Y ahora, amados hermanos, una cosa más para terminar. Concéntrense en todo lo que es verdadero, todo lo honorable, todo lo justo, todo lo puro, todo lo bello y todo lo admirable. Piensen en cosas excelentes y dignas de alabanza"* (Filipenses 4:8, NTV).

Debemos cuestionarnos si nuestros pensamientos nos ayudan a sentirnos mejor o si, más bien, nos afectan emocionalmente. Para eso vamos a ahondar en algunos errores que cometemos cuando ignoramos el contenido de nuestros pensamientos.

4.3 Errores en el pensamiento

Para entender cuál es la importancia de los pensamientos en la inteligencia emocional, debemos indicar primeramente que las emociones son el resultado de lo que pensamos. Por ejemplo, detrás de cada sentimiento de tristeza, ira, miedo, angustia o cualquier otro, puede haber un pensamiento que esté ocultando la realidad de lo que sentimos.

En psicología, se le llaman *distorsiones cognitivas*[1] a las interpretaciones erróneas que hacemos de la realidad; sin embargo, para efectos prácticos de este libro las llamaremos *errores en el pensamiento.* El cerebro tiene el curioso atributo de no distinguir entre la realidad y la ficción. Esto significa que no tiene la capacidad de hacer un filtro entre los pensamientos que tienen una base real y aquellos que son falsos y que, de igual manera, dejamos que alimenten nuestra forma de pensar. En palabras más sencillas: nuestro cerebro no tiene sentido del humor; todo lo que pensamos se lo cree.

Lo delicado de todo esto es que, a lo largo de nuestra vida, dejamos que algunos pensamientos "automáticos" definan y determinen lo que pensamos sobre nosotros mismos. Incluso, nuestra personalidad y nuestra identidad se definen a raíz de lo que pensamos. Por ende, nuestro diálogo interno es el conjunto de creencias y pensamientos que hemos desarrollado a lo largo de nuestra vida. ¡Qué importante es hacer un ejercicio y revisar detenidamente lo que pensamos! (cf. Proverbios 23:7).

Algunas características de estos errores en el pensamiento son:

- *Son espontáneos y aparecen de repente en la mente sin que algo los provoque.*
- *Son mensajes breves, específicos y discretos.*
- *Pueden ser exagerados, catastróficos y dramáticos.*
- *Son difíciles de desviar.*
- *Se aprenden.*

Puede haber un gran número de errores en el pensamiento en los que caemos frecuentemente. Sin embargo, algunos de los más comunes dentro de la práctica que he realizado y algunos de los ejemplos son:

1. **Sobregeneralización:** A raíz de un caso aislado, generalizamos una conclusión válida para todo.
   Ejemplo: "Mis hijos ya no me visitan, la gente siempre se olvida de mí".
2. **Magnificación**: Enfocarse en modo "visión de túnel" únicamente en ciertos aspectos negativos y perturbadores de algo o alguien, pasando por alto lo positivo.
   Ejemplo: "Me quedó muy salado el arroz, soy una cocinera horrible".

3. **Minimización:** Consiste en quitarle valor a las fortalezas y logros personales, así como a los errores e imperfecciones de los demás.
   Ejemplo: "Yo sé que me han dicho que soy inteligente, pero esta vez quedó demostrado que no soy lo suficientemente capaz. ¿De qué me sirve ser inteligente si sigo fallando?".
4. **Pensamiento todo o nada:** Tendencia a evaluar las cualidades personales y acontecimientos en extremos (blanco o negro). No existen los intermedios.
   Ejemplo: "Mi esposo se va a enojar si no le hago comida. Siempre le tengo que preparar la comida a tiempo. Si no la tengo lista, se va a enojar. No puedo fallar ni una sola vez".
5. **Los debería:** Consiste en la transformación de elecciones, deseos o preferencias personales en absolutos universales.
   Ejemplo: "Debería terminar la universidad. Todos deberían terminar la universidad". (La persona no se inscribe al siguiente semestre a pesar de que dijo que debería terminar la universidad).
6. **Lectura de pensamiento:** Asumir lo que otras personas están pensando y confirmarlo como una verdad.
   Ejemplo: "La gente siempre se me queda viendo de forma extraña. Seguro me veo terrible, aparte de que no soy una persona atractiva, siempre me veo ridículo".
7. **Error del adivino:** Creer saber cómo será el futuro y Actuar conforme a ello.
   Ejemplo: "¿Para qué voy a buscar otro empleo, o ir a esa entrevista de trabajo?, sí sé que definitivamente me van a rechazar.
8. **Personalización:** Tomarse las cosas de manera personal y creer que lo que la gente hace o dice tiene que ver directamente con uno mismo.
   Ejemplo: "En la reunión me tiraron bastantes indirectas, estoy seguro de que todo lo que dijeron fue para mí. ¿Si no, para qué lo mencionaron? // ¿Vio esa publicación? Seguro me lo puso a mí para que yo lo viera.

9. **Etiquetas:** Etiquetas simplistas y habitualmente negativas para definirse a uno mismo o a los demás, y que exageran la importancia de los errores.
   Ejemplo: "Ahí viene el susceptible, no se le puede decir nada porque se enoja y se pone a llorar. Mejor huyámosle, que nos contagia la fragilidad".
10. **Razonamiento emocional:** Usar las emociones, como única evidencia de una situación o acontecimiento.
    Ejemplo: "Este trabajo es un infortunio de la vida. ¿En qué momento llegué acá? Todos me caen mal. Voy a poner la renuncia y dejar botado todo lo que tengo ahora mismo".

Un creciente número de investigadores ha descubierto que la rigidez emocional, o quedarse atrapado en pensamientos, sentimientos y conductas que no nos benefician, está asociado a una gama muy amplia de problemas psicológicos, incluyendo la depresión y la ansiedad. Mientras tanto, la agilidad emocional (ser flexibles con nuestros pensamientos y emociones de manera que podamos responder óptimamente a las situaciones diarias) es la clave del éxito y el bienestar.[2]

4.4 Descifrar nuestra voz automática

En el momento en que aprendemos a descifrar nuestra propia voz, vamos en camino a mejorar nuestra vida emocional. En Proverbios 12:25 podemos ver que la angustia abate el corazón del hombre, pero una palabra amable lo alegra. Si las palabras que confesamos a los demás tienen el poder de "traer alegría", ¿cuánto más efecto tendrán las palabras que nos decimos a nosotros mismos?

4.4.1 La técnica del debate

Una de las técnicas más utilizadas para lograr una "reestructuración" en nuestros pensamientos, es decir, una nueva forma de pensar y ver las cosas, es el debate. Consiste en hacer lo siguiente:

1. *Identificar cuál es el error de pensamiento que estamos manifestando.*
2. *Inmediatamente, sentar al pensamiento en una "silla" para cuestionarlo.*
3. *Cuestionar al pensamiento para entender cuál es su origen.*
4. *Si no es un pensamiento válido y sustentado, perderá fuerza.*
5. *Reemplazar el pensamiento.*

Susan David demostró que tratar de eliminar o repeler un pensamiento no logra los resultados esperados y puede ser incluso contraproducente.[3] Por ejemplo, si el mensaje fuera: ¡No pienses en un elefante rosado! ¿Qué es lo primero que pensaste? Posiblemente, en el animal de colores. A esto, la autora recomienda que debemos habitar cada pensamiento, y si nos genera malestar, cuestionarlo y debatirlo, para entender por qué circula en nuestra mente, hasta poderlo reemplazar.

Usemos un ejemplo práctico:

> *Marcos es un joven de 24 años que sufre de ataques de pánico desde hace tres años. La primera vez que le ocurrió estaba en la universidad, comenzó a sentir que su cuerpo le temblaba. Pensó que le iba a dar un infarto. Mientras, tomó su teléfono para llamar a su madre, empezó a sudar aceleradamente. Su celular se le resbaló de las manos. Sus compañeros notaron inmediatamente que algo le ocurría. No sabían qué hacer hasta que llamaron urgentemente a emergencias. Nunca habían visto algo similar. Marcos, quizás sufrió uno de los peores momentos de su vida. Desde entonces, tiene miedo de salir y de pensar que puede volverle a ocurrir. Tiene pánico de hacer el ridículo y de quedar mal frente a sus amigos. No obstante, hace un tiempo, Marcos aprendió la técnica del debate. Le ha resultado muy útil. Aun cuando reconoce su condición, ha logrado vencer muchos pensamientos que lo atormentaban.*

Marcos parece haber cambiado; cuando tiene que exponer sobre un tema se muestra fuerte, y determinado.

Un profesor le preguntó: ¿Qué fue lo que cambiaste para obtener estos resultados? Marcos le respondió: "He aprendido a cuestionar lo que pienso y a no dejarme guiar por lo primero que se me viene a la mente". Antes pensaba que "iba a hacer el ridículo, ahora pienso que voy a ser el mejor de todos". Poco a poco, la angustia ha ido disminuyendo, porque mis pensamientos me hacen sentir mejor.

Cambiar los pensamientos no es un ejercicio para una semana, un mes o un año. Es un ejercicio que debemos hacer constantemente. Es decir, los pensamientos no cambian mágicamente solo porque tengamos la mente de Cristo. Debemos investigar profundamente de dónde vienen y por qué nos hacen sentir como nos sentimos, y si no sirven ¡cambiarlos!

4.5 La oración en todo momento

La Biblia nos enseña que debemos orar en todo momento (cf. 1 Tesalonicenses 5:17). Este pasaje se ha prestado para malas interpretaciones. Algunas personas lo utilizan para defender que deben mantener un ritual de oración durante todo el día sin "desconectarse". Si fuera así, no podríamos ir a trabajar ni tan siquiera dormir, porque necesitaríamos pasar las 24 horas del día dedicados a una vida de oración ininterrumpida.

No obstante, la pregunta que nos atañe a nosotros, como estudiantes de la inteligencia emocional, es: ¿qué tiene que ver la oración en todo momento con la voz interna?

¿Cómo distingo la oración de la voz interna? Lo cierto es que no podemos separarlas, y eso se convierte en una gran ventaja. Nuestra voz interna es una oración constante a Dios. Todo lo que nos decimos constantemente afirma o niega las verdades que Dios ha dicho sobre nosotros y sobre los demás. Además, tenemos un arsenal abundante de verdades (cf. Colosenses 3:16) que podemos utilizar en nuestra conversación interna con Dios y con nosotros mismos.

¿Quiere decir que si hablo conmigo estoy hablando con Dios? No necesariamente, pero sí es una verdad que aquello que confesamos sobre nosotros fortalece o debilita nuestra identidad como hijos de Dios. Cuando nos presentamos para orar a Dios, o hacemos un tiempo para conversar con Él, nuestra autoestima y la percepción de nosotros mismos, será tan importante que nos permitirá ver realmente el tamaño de nuestro Dios y guiará nuestra comunicación con Él.

Concluimos este capítulo con la historia de los doce espías que fueron a reconocer la tierra de Canaán (cf. Números 13). Doce hombres, cuyo rescate había sido el mismo. Todos habían sido libertados de la mano del faraón en Egipto y tenían la promesa de conquistar la Tierra Prometida. No había ninguna diferencia entre el trato que Dios tenía con unos o con otros.

Antes de entrar a Canaán, Dios los lanzó a una misión importante. Debían ir a reconocer la tierra, observarla y regresar a Cades, en el desierto de Parán, para reportar lo que habían visto. Después de cuarenta días, a excepción de Josué y Caleb, los otros diez les relataron a los demás un escenario tétrico, se habían dejado intimidar por los gigantes que habían visto en la ciudad. Ahora bien, era cierto que había gigantes allí (cf. Números 13:33), pero esa no fue la razón por la que regresaron temerosos y amedrentados. Fue porque la percepción de sí mismos estaba sumamente deteriorada, al punto de que ellos creían y, a su parecer, eran *"como langostas"*. O sea, su autoestima estaba muy por debajo de lo que Dios pensaba de ellos.

¡Qué importante es aprender a reconocer nuestra voz interna! De esa manera podremos tener una vida de fe más equilibrada acorde a las promesas que ya Dios nos ha dado. ¿Acaso Dios nos guiaría en determinada dirección sabiendo que no somos capaces de saborear el cumplimiento de sus promesas? ¿Sería Dios tan injusto de hablarnos de favores inalcanzables? ¿O más bien, debemos aprender a hablar mejor de nosotros mismos para creernos capaces de poseer las tierras de leche y miel en nuestra vida?

Aplicación #4

1- En tu opinión, ¿cómo defines el diálogo interno?

____

____

____

2- En una escala del 1-10 (1 más bajo y 10 más alto) ¿cómo calificarías la atención que le prestas a tu voz interna?

____

____

____

3- ¿Quién es la persona con la que más has hablado a lo largo de tu vida?

____

____

____

4- En un orden del 1 al 8 (siendo el 1 más frecuente y el 8 menos frecuente) ¿cómo acomodarías los errores de pensamiento en tu vida? Además, anota un ejemplo (experiencia personal) de cada uno.

1-
2-
3-
4-
5-

6-
7-
8-

5- Menciona al menos 3 pensamientos que quieres reemplazar en tu vida.

____

____

____

6- Según la técnica del debate, ¿cómo vas a hacer para reemplazar los pensamientos anteriores?

____

____

____

7- Por favor, escribe tu reflexión sobre el capítulo 4.

____

____

____

Capítulo 5

AUTORREGULACIÓN

5.1. ¿Qué es autorregulación?

Como hemos repasado anteriormente, cada uno de nosotros tiene el don y la responsabilidad de manejar las emociones que experimenta (cf. Jonás 4:9). Si bien es cierto, no está en nuestras manos poder controlar el destino de las cosas ni lo repentino de la vida, pero sí el tiempo, la intensidad y el impacto de las emociones en nosotros mismos procurando minimizar su efecto en los demás.

Por esta razón, en inteligencia emocional se sugiere el término de autorregulación como la "*capacidad de controlar las emociones, de tranquilizarse a uno mismo, de desembarazase de la ansiedad, la tristeza y la irritabilidad exageradas*".[1] Por mucho tiempo, se ha promovido el pensamiento de que somos impotentes ante el manejo de las emociones. Sin embargo, el ejercicio de la autorregulación y el control propio de lo que sentimos es otra de las herramientas indispensables en el kit de una persona emocionalmente sana.

Pablo fue transparente al reconocer la diferencia entre lo que no podemos controlar y aquellas cosas que sí estamos en la capacidad de manejar (Efesios 4:26). Lo cierto es que el enojo, al igual que todas las demás emociones, provoca una reacción normal frente a las circunstancias que nos irritan. Sin embargo, poder regular la emoción del enojo nos permite ver la situación con mayor claridad sin tener que llegar a extremos nocivos para nuestra salud mental o perjudicar las relaciones con otros (cf. Salmos 37:8). ¿Quién no siente enojo al ver a alguien agrediendo a un niño o a un adulto mayor? ¿Acaso no nos irrita cuando se comete una injusticia frente a nuestros ojos?

En la Biblia encontramos una palabra que se refiere al control emocional. Se encuentra en la lista de los frutos del Espíritu (cf. Gálatas 5:22-23). Ese fruto es la templanza, entendido según Daniel Goleman, como la capacidad de mantener un equilibrio emocional.[2] El objetivo de la autorregulación no es la represión, sino un balance entre lo que ocurre, lo que sentimos y lo que expresamos.

¿Cuál es el peligro de perder el equilibrio? El exceso de emoción nos puede llevar a ser personas sumamente desenfrenadas en nuestra expresividad, guiadas por nuestras pasiones e impulsos. Por el contrario, callar nuestras emociones nos puede llevar a la apatía y a la indiferencia. Ningún extremo es bueno.

5.2. ¿Qué hago con mis emociones?

Las preguntas más comunes que surgen son: ¿Debo eliminar las emociones negativas? ¿Debo buscar un estado de felicidad permanente? ¿Qué pasa si un día me siento mal y otro, me siento bien? ¿Qué hago con mis emociones?

La vida está llena de altibajos. El bienestar de una persona no se centra en la capacidad plena de estar feliz, sino en poder experimentar tanto emociones positivas como emociones negativas de manera equilibrada. Por lo tanto, el mensaje de "buscar la felicidad" debe ser interpretado con prudencia. Perseguir la felicidad como si esta fuera el galardón más importante de nuestra aventura en esta tierra puede ser muy engañoso e impedirnos vivir agradecidos con lo que somos y tenemos *"aquí y ahora"* (cf. Filipenses 4:12-13). La felicidad no es el producto de emociones positivas, sino aprender a vivir en cualquiera de las emociones que tenemos.

Las personas sin inteligencia emocional **reaccionan**; sin embargo, las personas con inteligencia emocional **responden**. Hay una frase popular que dice: *"El problema en sí no es el problema, es mi reacción al problema lo que me causa problemas"*. Augusto Cury afirma de igual forma: *"No importa el tamaño de nuestro problema, sino la forma en la que lo vemos y enfrentamos"*.[3]

Con respecto a lo anterior, Cury expone el ejemplo de Jesús al explicar lo siguiente: *"En las situaciones más estresantes, no se intimidaba ni se preocupaba por tener reacciones inmediatas. Pensaba antes de reaccionar y no actuaba antes de pensar. De hecho, se sumergía dentro de sí mismo y abría las ventanas de su mente para encontrar las respuestas más lúcidas a una determinada pregunta, una dificultad o una situación"*.[4]

5.2.1 El que reacciona pierde

Un ejemplo gráfico para entender este principio es imaginarnos que hemos perdido la llave de nuestra casa. Aunque sabemos que la casa nos pertenece y todo lo que hay en ella es nuestro, alguien más podría tener la llave para entrar sin ningún problema. ¡Qué injusto saber que otros pueden entrar a nuestra casa y nosotros no porque hemos perdido la llave de acceso!

En la vida ocurre de forma muy similar cuando ponemos la llave de nuestra felicidad en el bolsillo de otros. Cuando reaccionamos impulsivamente, somos nosotros los que quedamos en desventaja porque nadie tiene el poder de hacernos sentir mal o enojados a no ser que nosotros se lo permitamos.

Un esposo le grita a su esposa, y en medio del furor, se lanzan palabras que, lejos de solucionar el problema, agravan la crisis en la que están. Las palabras cada vez son más hirientes y, aunque en el fondo ambos saben que no son cien por ciento ciertas, comienzan a creer que sí lo son. La sospecha aparece y la desilusión se apodera de ese momento de tensión. Una conversación que terminó en un pleito desencadenó un fuego que cada vez es más difícil de apagar. Santiago comparó esta situación a un incendio forestal (cf. Santiago 3:6). Cuando se pierde el control de lo que se dice y se hace, estamos a las puertas de arruinar lo que más valoramos. Aunque el perdón siempre estará al alcance de la mano, las consecuencias de un incendio son visibles desde cualquier ángulo.

5.2.2 La carga sobre los hombros

En el camino de la vida, nos hemos encontrado con personas que llevan cargas muy pesadas. Quizás estas personas anden buscando en quién depositar el gran peso que llevan sobre sus hombros. El resentimiento, el enojo, la burla, la ansiedad son ejemplos claros de lo que acumulamos a lo largo de nuestra vida. En ocasiones, lo que proyectamos en otras personas es exactamente lo que nosotros cargamos sobre nuestra espalda. Vemos indiferencia en otros cuando nosotros somos los indiferentes. Vemos imperfecciones en otros porque no hemos hecho un análisis de las nuestras. Creemos que los demás son los que están equivocados cuando somos nosotros los que estamos en lo incorrecto.

El principio de la carga sobre los hombros es poner un freno y establecer un límite claro cuando alguna persona tenga la intención de vaciar su basura sobre nosotros. Es importante aclarar que no debemos ponernos en contra de los demás, sino entender que la persona no carga "basura" solo porque así lo ha querido, sino porque, en algún momento de su vida, alguien la vació sobre ellos o ellos mismos la recogieron con sus propias manos. Es importante tener una mirada de compasión y empatía (veremos eso en el capítulo 8) con las personas que tienen alguna dificultad en su vida.

Jesús entendió que muchos cargábamos basura sobre nuestros hombros y estuvo dispuesto a llevarla sobre sí mismo. Incluso, nos ofreció que vaciáramos sobre él nuestras cargas con el objetivo de que nosotros pudiéramos experimentar una vida ligera, despreocupada y sin ansiedades (cf. Mateo 11:30). Es importante señalar que Jesús no nos prometió una vida perfecta, pero sí poder tener su mentalidad en nosotros para enfrentar las dificultades que tendríamos (cf. Juan 16:33).

5.2.3 Las palabras que ofenden

Este principio es fundamental para entender la cabida que damos muchas veces a las ofensas. Imaginemos que alguien nos empieza a maldecir con sus palabras y nos maltrata con su forma de expresarse.

Puede ser un familiar, un compañero de trabajo, un amigo, un jefe, etc. Sin embargo, este principio nos enseña que las palabras pasan por el filtro de nuestra aprobación. Una vez escuché a una expositora mencionar lo siguiente: *los palos y las piedras pueden maltratarnos, pero las palabras no pueden herirnos a menos que nosotros lo permitamos.*

El rey Salomón utilizó las palabras idóneas para explicar este principio al decir que "*La cordura del hombre calma su furor; su honra es pasar por alto la ofensa*" (Proverbios 19:11). ¿Qué ganancia obtenemos al albergar la ofensa? ¿Qué sentido tiene que nos hagamos daño con palabras que ni siquiera salieron de nuestros labios? ¿Estamos dispuestos a sacrificar nuestro diálogo interno por palabras que se dijeron posiblemente en un estado de desequilibrio emocional?

5.3. Estilos de procesamiento de las emociones: Represión vs. expresión

Existen generalmente dos estilos de cómo las emociones pueden ser canalizadas: **represión o expresión.** A continuación comparto una historia que caló profundamente cuando la escuché por primera vez, que enseña las consecuencias de enmudecer y no exteriorizar lo que sentimos. Para efectos de este libro, el relato contiene pseudónimos y elementos adicionales.

> **Anécdota:** *Juan y Carlos eran dos dependientes de una tienda de lámparas. Ambos eran vendedores y se encontraban en el área de servicio al cliente. Un día llegó un empresario estadounidense a comprar 700 lámparas para la boda de su hija. En ese momento, no había las suficientes para poder atender la solicitud, pues contaban solamente con 350. Sin embargo, se comprometieron a encargarlas para que estuvieran listas antes de la boda. Al tiempo, el señor regresó y cuando lo vieron llegar a la tienda, ambos entraron en un colapso nervioso. Se habían acordado del pedido que nunca hicieron. El embarque debía salir de China y faltaban 15 días para la boda. Prácticamente, era imposible tenerlas a*

tiempo. Cuando le dijeron la verdad al empresario, este enfureció y amenazó a los dependientes diciéndoles que debían llegar a una solución o él tomaría hasta las últimas medidas. Ese día, Juan y Carlos salieron avergonzados y decepcionados de sí mismos. Tenían que buscar una solución, pero parecía una tarea muy complicada de resolver. Esa noche, Juan se acordó de un amigo que vivía en el continente asiático y que podía ayudarle a conseguir las lámparas que hacían falta y enviarlas por otro medio, aunque tuviera que correr con los gastos del envío. Por su parte, Carlos llegó a su casa y se resintió consigo mismo por su incapacidad como trabajador. Se culpó toda la noche y no pudo dormir. Al siguiente día, Juan propuso la idea, se concretó y al final lograron tener las 350 lámparas restantes (no las mismas), pero al menos pudieron cubrir con la solicitud y enmendar el gran error. Por otro lado, Carlos vio la escena desde afuera. Sus pensamientos ya eran tóxicos. Todo dentro de sí lo hacía dudar de su capacidad. Al tiempo vino el Viernes Negro. Era la oportunidad para reivindicarse con su jefe, Juan logró la mayor comisión de la historia. Carlos no vendió el mínimo esperado. Al tiempo, Carlos fue despedido por su bajo desempeño. Su estado emocional había cambiado. Nada le motivaba y su emoción ya era mayor que cualquier otra cosa. Años después, Juan y Carlos se encontraron en un centro comercial y al conversar, se preguntaron qué estaban haciendo de sus vidas. Juan era el Gerente General de la tienda, mientras que Carlos le contó a Juan que su vida había ido en descenso desde el primer despido. Trató de buscar trabajo, y de tres empleos lo despidieron por el mismo patrón de comportamiento. Hacía tres años que le habían detectado fibromialgia y cáncer en los huesos. Aparentemente, sus emociones habían llegado a otro nivel, al punto de que sus fuerzas físicas habían disminuido; y su desenlace sería muy distinto al de Juan.

De acuerdo con Salmos 32:3, el salmista experimentó las consecuencias de la represión emocional y dijo: "*Mientras callé, se envejecieron mis huesos en mi gemir todo el día*". Se ha demostrado que reprimir las emociones es un factor de riesgo que estimula la aparición de enfermedades.[5]

Por ejemplo:

- El exceso de ira está relacionado a problemas del hígado y también problemas cardíacos.
- El exceso de miedo puede dañar los riñones y la vejiga.
- El exceso de alegría puede provocar hiperexcitación, problemas cardíacos y problemas intestinales.
- El exceso de tristeza daña los pulmones.
- El exceso de ansiedad se relaciona con enfermedades del estómago y el páncreas.
- El exceso de dominio y autoridad pueden afectar el intestino grueso.

Un ejemplo más conocido hoy en día es el de la fibromialgia (dolor crónico), incluso se ha relacionado a la depresión por presión laboral como causante de esta enfermedad. Es importante señalar que, conforme pasa el tiempo, más estudios relacionan la aparición y existencia de enfermedades con dolores emocionales no resueltos.

5.4. ¿Cómo mantener el equilibrio emocional en momentos de tensión?

La manera en la que somos capaces de actuar frente a situaciones que nos generan estrés o malestar es de suma importancia. Que estemos en un proceso de aprendizaje sobre el control de las emociones no significa que será fácil o sencillo mantener la calma cuando estemos bajo presión o en un momento de turbulencia. Fuera de todo, seguimos siendo humanos. ¡Cuidado con el perfeccionismo! Susan David, reconocida psicóloga internacional, menciona que *"tratar de ser buenas personas todo el tiempo, de ser perfectos o de estar siempre alegres solamente nos lleva a la frustración y al error".*[6]

Hay algunas reacciones que ocurren cuando nos alteramos; por ejemplo, nuestro pulso se acelera, la temperatura corporal aumenta, el tono de voz sube y algunos músculos se contraen. Después de reconocer estas señales en nuestro cuerpo es precisamente cuando debemos considerar los siguientes puntos:

- ***Identifica las señales de alarma:*** Significa estar alerta a nuestro cuerpo ante momentos de estrés. ¿Cómo reacciona nuestro cuerpo en esas circunstancias? Si podemos detenerlo antes de que dispare la emoción, habremos ganado la batalla. Es importante confiar en nosotros mismos y entender que la situación no va a durar para siempre, sino que somos capaces de superarla.
- ***Respira y cuenta hasta 10:*** Contar números es recomendable para buscar la relajación y calmar nuestro sistema nervioso. Además, podemos inhalar, aguantar el aire durante un tiempo y exhalarlo para oxigenar el cerebro y destensar el cuerpo.
- ***Usa la técnica del "time-out":*** Podemos buscar un tiempo para distanciarnos de la situación, haciendo una caminata o algo por el estilo, lavarnos la cara con agua fría para hacer que disminuya la frecuencia cardíaca, etc. Luego, nos reincorporamos a la situación sintiéndonos mejor y con una visión fresca.
- ***Desconecta tu cerebro y desvía la atención:*** Cada persona tiene su forma de conseguir la paz personal. ¿Un libro? ¿Imágenes? ¿Paisajes? ¿Soñar? ¿Recordar algo gracioso? ¿La oración? ¿El canto? ¿Compañía de otras personas? Debemos aplicar la técnica de la visualización y aprender a ver lo que nos genere paz a través de nuestra mente.
- ***Alimentación:*** El café o bebidas con cafeína nos pueden llevar a sentirnos más nerviosos. El azúcar nos da energía. El chocolate negro y los alimentos altos en Vitamina

C reducen el cortisol (hormona del estrés). Los tés tranquilizantes también son recomendables.
- ***Ejercicio físico:*** Está comprobado que el ejercicio físico influye en la neurogénesis; es decir, la creación de nuevas neuronas que nos permiten tener una vida mental más saludable. Generamos endorfinas y eso hace que nos sintamos mejor. Aparte, fomenta la memoria, nos ayuda a mantener el estrés a raya, reduce el riesgo de demencia y fomenta la plasticidad cerebral.
- ***Perdonar, olvidar y sentido del humor:*** Cuando desarrollemos la capacidad de perdonar, de olvidar y de reírnos de nosotros mismos o de lo que sucede, habremos avanzado significativamente. Reírnos de nuestras experiencias pasadas, extrayendo las lecciones principales que aprendimos, es una evidencia de que hemos avanzado en el proceso.

5.5. Dominio propio y límites personales

El dominio propio y la autodisciplina han sido considerados como virtudes indispensables para alcanzar cualquier meta en la vida. Los nadadores más exitosos, los velocistas, los ciclistas, los deportistas y las personas de éxito han recalcado la disciplina personal como un pilar fundamental. Por más buenas intenciones de triunfar que tengamos, necesitamos un plan para llegar hasta el final.

¿Te imaginas a un nadador levantándose a las tres o cuatro de la mañana para hacer sus ejercicios matutinos en el agua helada? ¿Puedes visualizar a un gran líder dedicando horas de su tiempo a instruirse en diferentes temáticas para ser un mejor guía? ¿Has visto personas que repiten consecutivamente prácticas que los hacen proyectarse como individuos disciplinados (lectura, madrugar, no chismear, comer bien, hacer ejercicio)? La disciplina es el camino que lleva al éxito, y para eso, se requiere dominio propio.

El dominio propio es la capacidad que tenemos para establecer límites personales y conocer cuáles son nuestras debilidades. Es una decisión de humildad para reconocer cuáles fronteras no debemos cruzar. Tiene que ver con la sinceridad de identificar cuáles lugares no debemos frecuentar, cuáles conversaciones debemos evitar, cuáles canales de televisión debemos omitir o qué decisiones debemos tomar con respecto a los "peligros" que existen a nuestro alrededor.

Tenemos que ver a la posibilidad de tropezar como una trampa de osos que está oculta entre la hierba. Quizás caigamos en las primeras ocasiones porque no sabemos específicamente dónde se encuentra, pero una vez que conocemos el camino hacia esa trampa, podemos reconocer cuáles pasos tenemos que evitar para caer nuevamente en ella.

El dominio propio es una cualidad que nos hace sobresalir por encima de los grandes conquistadores de ciudades, negocios o cualquier área de éxito. Para Dios, las personas más famosas en su catálogo celestial no son necesariamente las que vemos en la farándula, sino aquellas que logran conquistarse a sí mismas. Para eso, Proverbios 16:32 lo explica así: *"mejor es ser paciente que poderoso; más vale tener control propio que conquistar una ciudad"* (NTV).

Concluimos este capítulo haciendo el siguiente razonamiento. El momento en que nos unimos al Señor, formamos un solo ser espiritual con Él (cf.1 Corintios 6:17), recibimos sus cualidades intrínsecas: poder, amor y dominio propio (cf.2 Timoteo 1:7). Es decir, dentro de los atributos o características del Espíritu Santo tenemos al alcance el dominio propio. Suena muy sencillo y parece fácil; pero hagamos el siguiente planteamiento. Si ya tenemos el dominio propio, y lo requerimos para avanzar en la vida, ¿por qué no comenzar a creer que ya lo tenemos? El primer paso es creer que ya lo tenemos y el segundo, es ponerlo en práctica, no al revés, o sea creer que necesitamos alcanzarlo primero y, ahora sí, poder usarlo.

Tener *"poder"* o *"dominio propio"* no significa que debemos ser visitados por ángeles, tener un experiencia mística o muy espiritual. Quiere decir que debemos partir del hecho de que Dios nos cree "capaces" para "poder" hacer cualquier cosa. Y en el proceso, tenemos ya el "dominio propio" que necesitamos para atravesar todas las etapas del camino.

Aplicación #5

1- En tu opinión, ¿qué es la autorregulación?

____

____

2- Escribe las tres situaciones que más te irritan, las tres que más te causan ansiedad y las tres que más te entristecen.

____

____

3- Cuando alguien te habla de forma ofensiva ¿reaccionas o respondes?

( ) Respondo

( ) Reacciono

4- Cuando una persona se comporta de forma grosera, ¿sientes que debes hacer justicia y devolver la misma actitud o decides pensar que la persona tiene un problema propio y no permites que te afecte sobremanera?

____

____

5- Escribe alguna experiencia en la que alguien te ofendiera o te hiciera sentir mal y aun así pudiste seguir el día con toda normalidad. ¿Qué hizo que no le dieras la potestad a esa persona de interrumpir tu día y tu estado de ánimo?

____

____

6- ¿Qué puedes hacer para pasar por alto las ofensas y no dejar que las palabras o actitudes de otros te afecten?

____

____

7- ¿Qué emociones has reprimido a lo largo de tu vida y no has compartido? ¿Vas a compartirlo a partir de este momento? ¿Con quién lo harás?

____

____

8- ¿Has identificado algún malestar físico que pudieras relacionar con algún desorden emocional?

____

____

9- De las medidas para mantener la paz, debes elegir dos y practicarlas durante quince días. Escribe tu experiencia a continuación.

____

____

10. ¿Cómo vas a aplicar el dominio propio en tu vida? Escribe al menos tres acciones.

____

____

11. Por favor, escribe tu reflexión sobre el capítulo 5.

____

____

Capítulo 6

ESTRATEGIAS DE AUTOCONTROL

6.1. Características de una persona autorregulada

Como vimos en el capítulo anterior, Dios aspira a que cada uno de nosotros podamos experimentar un estado pleno de paz independientemente de las circunstancias que ocurran a nuestro alrededor. Incluso, la paz es considerada uno de los obsequios que Jesús nos dejó a través de nuestra relación con el Espíritu Santo (cf. Juan 14:27). En otras palabras, es algo que podemos buscar y cultivar porque ya nos pertenece.

En la Biblia se habla de dos tipos de paz: *paz con Dios y paz en Dios.* La paz con Dios se refiere a una relación permanente. Es decir, en el momento en que fuimos justificados por nuestra fe en Jesús, pasamos a estar en una posición de paz con Dios. Esta es una verdad inamovible (cf. Romanos 5:1-2) que no tiene relación directa con nuestras emociones. Dios, por su voluntad, quiso reconciliarnos con Él mismo mediante el sacrificio de Jesús (cf. Romanos 5:10).

Sin embargo, la paz de Dios es una emoción y un estado de tranquilidad que experimentamos como resultado de nuestra vida cristiana (cf. Filipenses 4:7). Algunos escritores han denominado la *paz de Dios* como un hábito a desarrollar y no algo que se adquiere mágicamente. Eso quiere decir, que la paz que recibimos de nuestra relación con Dios puede fluctuar y podemos perderla ante situaciones que nos hagan poner nuestra atención en otro sitio. Debemos aprender a regresar a un estado de paz cada vez que nos encontremos en una turbulencia emocional (cf. Romanos 15:33).

Ahora bien, cuando comprendemos que somos dueños de nuestras emociones y que nadie más puede decidir por ellas, tendremos la facilidad para desarrollar algunas de las siguientes características de una persona autocontrolada:

- *Afrontan las situaciones difíciles con mayor eficacia.*
- *Logran mantener la calma.*
- *Tienen mayor lucidez de pensamiento.*
- *Mejoran sus relaciones interpersonales.*
- *Controlan el estrés cuando se sienten bajo presión.*
- *Toman mejores decisiones.*
- *Se concentran más fácilmente.*
- *Mejoran su autoestima.*

Imagina que estás haciendo una dieta para bajar de peso y tus amigos te invitan a cenar para celebrar el cumpleaños de uno de ellos. Pides un platillo saludable para no romper tu plan nutricional. Cuando el mesero está retirando los platos, trae el pastel para cantarle al cumpleañero. Te ofrecen una ración pequeña, y realmente luchas con todas tus fuerzas para negarte a comer el postre. Justamente ese ejercicio se llama **autocontrol.** Las personas autorreguladas desarrollan y perfeccionan la capacidad de decir no ante propuestas que atentan contra su disciplina o convicciones personales.

Tony Robbins menciona: *"Tome control de sus emociones de manera consistente y consciente y transforme deliberadamente las experiencias de su vida diaria"*.[1]

6.2. Efectos de la efervescencia emocional

La efervescencia es un efecto de la intensidad de nuestras emociones ya que, la mayoría de las veces, estas son más fuertes que la razón y guían nuestras acciones. ¿Has visto el efecto de una pastilla efervescente disolviéndose en el agua? ¿Has escuchado el sonido y visto la *miniexplosión* que sucede frente a nuestros ojos? Asimismo ocurre en nuestro cuerpo (explota) cuando algo nos molesta o nos incomoda.

Una de las emociones que puede causar más consecuencias negativas es la ira. Por eso, cuando estamos enfadados, es aún más importante tener en cuenta que dejar pasar la situación, sin expresar adecuadamente lo que sentimos o negarnos a buscar un espacio para procesar nuestra furia, puede jugarnos una mala pasada (cf. Efesios 4:26).

Con frecuencia, la violencia intrafamiliar comienza con un simple acto de enojo descontrolado o un arrebato de ira. Peor aún es ver a conductores en las calles apretando el gatillo de su revólver, para quitarle la vida a otro ser humano, por no poder controlar un momento de ira cuando este último le atravesó su vehículo accidentalmente. ¿A qué extremos podemos llegar cuando explotamos y no medimos las consecuencias de nuestras reacciones?

De acuerdo con el versículo anterior, airarnos y enojarnos es una reacción natural de nuestro cuerpo frente a situaciones que nos hacen sentir molestos; sin embargo, la recomendación que nos da Pablo es aprender a identificar los momentos específicos en los que estamos enojados. ¿Para qué hacer este análisis? Para que podamos conscientemente buscar una solución para ese momento y no lleguemos a lamentarnos de lo sucedido. Por ejemplo: *sonreír, entrenamiento emocional, practicar la amabilidad, escuchar a otros, leer un libro o simplemente callar por un momento hasta encontrar un espacio idóneo para expresarnos, etc.*

¿Te has preguntado cuándo fue la última vez que te enojaste? ¿Cada cuánto te enojas? ¿En el último año, cuántos días pasaste molesto con alguien? ¿Hay alguna molestia que tengas desde hace mucho tiempo con alguna persona? ¿Qué dices cuándo estás molesto? ¿Has visto tus expresiones faciales cuando te enojas? Debemos vernos a nosotros mismos como espectadores en nuestras reacciones de enojo para mejorar nuestro comportamiento emocional.

Algunos efectos del mal manejo de las emociones intensas pueden ser:[2]

- *Dolores de cabeza (migrañas)*
- *Enfermedades físicas (aparición de úlceras)*
- *Cuadros depresivos*
- *Problemas cardíacos (preinfartos, arritmias, paros, etc.)*
- *Cuadros de violencia*
- *Adicciones*
- *Problemas matrimoniales*
- *Falta de compromiso*
- *Aislamiento*
- *Agresividad y violencia*

6.3. Mi proceso personal

Para este momento, es importante que hagamos un alto en el camino y veamos todo el recorrido que hemos avanzado. Llegar hasta acá es un paso a la victoria en nuestra vida emocional. Quizás no seamos personas perfectas ni sumemos todas las medallas aún. Puede ser que nos sigamos tropezando, una y otra vez, con la misma piedra. Pero no importa, en ningún momento se pensó que todo iba a resultar sencillo o iba a ser color rosa. Al contrario, esta ardua tarea será recompensada con excelentes resultados a largo plazo. Quizás no se vean los cambios en este momento, pero con el paso del tiempo, serán visibles a nuestros ojos y a los ojos de las demás personas.

Hay etapas en la vida que no son las que deseamos. Quisiéramos saltarlas y vivir solo aquellas que consideramos positivas. Sin embargo, cada fase que atravesamos tiene un propósito y es prepararnos de una mejor manera para afrontar las etapas que vienen después.

Para avanzar en nuestro proceso personal, y antes de seguir caminando en esta aventura de descubrimiento, debemos hacer un ejercicio de suma importancia. Te voy a pedir que cierres los ojos y digas en voz audible dentro en tus pensamientos: *"Acepto mi proceso personal y todo aquello que no puedo cambiar. Me esforzaré por transformar lo que sí puedo y seguir adelante para ser una mejor versión de mí mismo"*.

Solamente desde la aceptación de nuestro proceso personal podremos salir adelante sin estacarnos en la vida. ¿Has visto empresarios que, a pesar de toda su fortuna, siguen anclados a su pasado? ¿Mujeres y hombres que no pueden entablar relaciones sanas con su pareja por repetir patrones de relaciones pasadas? ¿Endeudamiento en tarjetas de crédito por aparentar estar al nivel de otras personas con tal de ocultar vacíos internos? ¿Personas que tratan de alterar todo su cuerpo para "sentirse" bien consigo mismas? Muchas veces, los cambios para esquivar nuestra responsabilidad ante la vida solamente demuestran la no aceptación de nuestras debilidades y errores del pasado.

6.4. Técnica RIE

Esta es una forma de expresar nuestras emociones ágilmente. Por decirlo así, es una ficha mental sumamente práctica que nos ayuda a superar los momentos difíciles que afrontamos todos los días. Por ejemplo, imaginemos que vamos por la calle y se nos atraviesa un vehículo a toda velocidad tratando de invadir nuestro carril. Nuestra reacción y emoción inmediata puede ser de miedo o enojo. Nuestro cerebro animal (emocional) nos llevará a responder de la forma más primitiva y dañina. Posiblemente, nuestro deseo sea bajarnos del vehículo y gritarle, a los cuatro vientos, al otro conductor su gran culpabilidad de manejar temerariamente. O bien, podemos enojarnos e insultar a esa persona por su irresponsabilidad al volante.

La técnica RIE propone tres pasos básicos y sencillos. Analizaremos el acrónimo RIE por cada una de sus letras. **R (Reconocer)** y ponerle nombre a la emoción que estamos experimentando. En este caso, puede ser enojo o parálisis (temor). Es de suma importancia que logremos verbalizar el momento emocional que estamos sintiendo. En ese momento, nuestro diálogo interno entra en acción e inmediatamente podemos decir a nuestros adentros: "**Me siento sumamente enojado**".

Luego está la **I** (**Identificar**) el evento que causó la emoción. En este caso, es muy evidente que la situación de un conductor imprudente detonó nuestra reacción de enojo. Sin embargo, en otras ocasiones ocurre que, al no hacer esta identificación, pasamos por alto lo que nos generó la emoción. Cuando nos centramos en la emoción y no en aquello que la ocasionó, le damos rienda suelta para que se quede con nosotros el tiempo que la emoción desee. Debemos aprender a buscar **las causas** de lo que sentimos.

Finalmente, está la **E** (**Expresión**) que tiene que ver con la forma en la que exteriorizamos la emoción. Debemos buscar la manera en la que las personas salgan menos afectadas. Las ***preguntas de confrontación*** deben guiar nuestro método de expresión, por ejemplo: ¿Para qué voy a reaccionar así? Recuerda que la expresión emocional debe convertirse en un proceso racional, al punto que podamos pensar antes de reaccionar y no viceversa. En el ejemplo anterior, podríamos preguntarnos *¿para qué voy a ofender al otro conductor? ¿Qué ventajas obtengo de gritarle a otra persona? ¿Cómo me voy a sentir después de haberlo hecho? ¿He resuelto algún caso en el pasado reaccionando de forma desenfrenada? ¿Cuántos casos se arreglan así? ¿Cómo será mi día si cedo al conflicto?*

TÉCNICA RIE

6.5. Conversaciones de gestión emocional

Después de haber analizado la importancia de la regulación emocional, algunos se podrán preguntar cómo se hace para expresar efectivamente la emoción a otras personas. ¿Cómo seleccionar el diálogo indicado para conversar sobre lo que estoy sintiendo? Posiblemente sea extraño las primeras veces y no sea sencillo de informar. Sin embargo, a continuación, se exponen dos conversaciones modelo para llevar a cabo este ejercicio con frecuencia.

6.5.1 Conversaciones para expresar mis emociones a otros

El proceso para tener un diálogo abierto sobre la experiencia de nuestras emociones consta de los siguientes pasos:

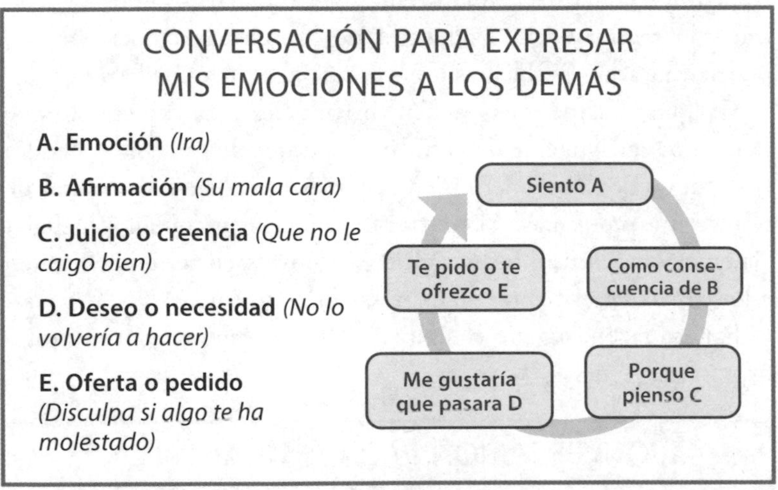

Imagina que llegas cansado a tu casa después de un día de trabajo. Cuando abres la puerta ves que tu madre (padre) te recibe con mala cara. Inmediatamente, te enojas porque no puedes creer que no te hayan recibido con un "buenas noches, ¿cómo te fue durante el día?". Resulta ser que, antes de que llegaras, hubo un problema en una tubería y tus padres se encontraban solucionándolo. Efectivamente, el enojo de ellos no tenía que ver contigo. Sin embargo, lo tomaste personal y te enojas con ellos por las expresiones que viste en su cara cuando entraste a la casa.

En este caso, el diálogo para gestionar efectivamente ese momento, según el cuadro anterior, debería contener los siguientes elementos: "Madre (padre), quisiera comentarte algo, me siento molesto porque cuando entré a la casa, pude notar que me recibiste con una mala cara. Asumo que debes estar molesta o enojada por alguna razón y, si tiene que ver conmigo, desearía que me lo dijeras para estar al tanto. De antemano, te ofrezco una disculpa si no he cumplido alguna de tus expectativas e hice algo que te molestara".

6.5.2 Conversaciones para ayudar a otros a expresar sus emociones

Debemos ser sinceros, como agentes de cambio nos vamos a encontrar con personas con bajo nivel de consciencia emocional, eso podría causarnos problemas y hacer que nos sintamos frustrados.

Ver que otras personas tienen dificultades para expresar lo que sienten o sencillamente desconocen el porqué de su enojo, miedo o tristeza, no debería ponernos en la posición de "mesías" y tratar de resolver sus problemas. Al contrario, las personas con alta inteligencia emocional buscan formas y tienen conversaciones que permiten a los demás ser eficientes en expresar lo que sienten.

Por esa razón, sugiero el siguiente diálogo para ayudar a otros a expresarse:

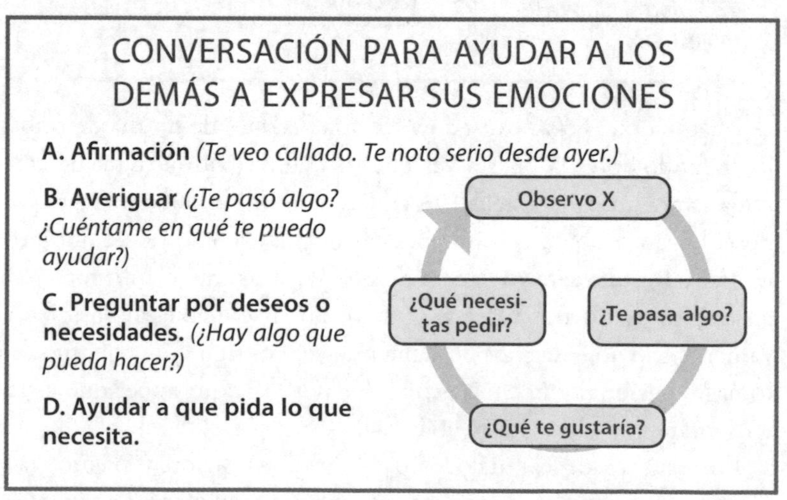

Imaginemos que una persona, a quien amamos con todo nuestro corazón, tiene problemas con las drogas. Sin embargo, nadie en la casa lo ha notado. Este familiar tiene poco tiempo de haber consumido por primera vez y ya se le está convirtiendo en un hábito. Notamos que comienza a aislarse poco a poco, se pierde las actividades familiares y ya no llega a dormir por las noches a la casa. Hay un ambiente de preocupación, sin embargo, nadie se atreve a preguntarle qué es lo que ocurre porque no saben cómo hacerlo.

La conversación sugerida en este caso sería de la siguiente manera: "Tengo dos semanas y media de no verte. He estado tratando de buscarte y no te encuentro por ningún lugar y realmente me interesa estar cerca de ti. Quisiera preguntarte, ¿te pasa algo? ¿Te puedo servir en alguna cosa? ¿Qué necesitas? Ten en cuenta que voy a estar para lo que necesites y que te escucharé cuando sea necesario".

Aplicación #6

1- En tu opinión, ¿cómo podrías describir que experimentas la paz de Dios?

____

____

____

2- ¿Cuándo fue la última vez que te enojaste? ¿Cómo fue?

____

____

3- ¿Cada cuánto te enojas? En el último año, ¿aproximadamente cuántas veces te enfadaste?

____

____

4- En el último año, ¿cuántos días pasaste molesto con alguien? ¿Hay alguna molestia que tengas con alguna persona desde hace mucho tiempo?

____

____

5- ¿Qué dices cuando estás molesto? ¿Has visto tus expresiones faciales cuando te enojas? ¿Cómo son?

____

____

6- De los efectos de la efervescencia emocional, ¿identificas alguno con tu manejo emocional? ¿Cómo te afectan?

___

___

7- Describe cómo fue tu experiencia al hacer la declaración de aceptar tu proceso personal.

___

___

8- De acuerdo con la técnica del RIE, menciona dos ejemplos de cómo podrías utilizarla en tu vida cotidiana.

___

___

9- Desarrolla un ejemplo real de una conversación para expresar tus emociones a los demás.

___

___

10- Desarrolla un ejemplo real de una conversación para ayudar a otros a expresar sus emociones.

___

___

11- Por favor, escribe tu reflexión sobre el capítulo 6.

___

___

Capítulo 7

AUTOMOTIVACIÓN

7.1. ¿Qué es automotivación?

EN DETERMINADO MOMENTO de nuestra vida, nos vemos sumergidos en el desánimo, el cansancio y la desmotivación. Pareciera que los días soleados se fueron y los rayos de luz ya no alumbran nuestras mañanas. El sonido de los pájaros se ha silenciado y el cielo gris aparenta anunciar la llegada de la época lluviosa. De repente, nos damos cuenta de que no tenemos la misma motivación para salir de nuestra casa, ni siquiera para movernos del sofá donde estamos sentados. Queremos yacer ahí y dormir todo el día. No hay nada afuera (ni adentro) que nos motive lo suficiente como para salir de nuestro escondite.

¿Quién no ha estado en momentos así? ¿Quién no ha sufrido la pérdida de un ser querido? ¿Quién no ha enfrentado una crisis de pareja o laboral? ¿Quién no ha tenido que ver a sus hijos tomar decisiones destructivas? ¿Quién no ha tenido problemas para dormir tranquilamente? Todos nos hemos enfrentado a momentos grises, sintiéndonos desconsolados porque no encontramos una "motivación" para continuar.

Cabe mencionar que este escenario no excluye a las personas que profesan algún tipo de fe. Todos, absolutamente, todos los seres humanos atraviesan valles de sombra y de muerte en algún instante de sus vidas (cf. Salmó 23:4). Aunque la historia parezca infantil o digna de un reportaje de *National Geographic*, el destino de Jonás fue el estómago de un enorme animal marino (cf. Jonás 2:1) ¿Alguien se ha imaginado ser tragado por una ballena azul (el animal más grande del mundo) y permanecer vivo, allí adentro, durante tres días?

Aunque le parezca ilógico al razonamiento humano, Jonás y otros personajes de la historia bíblica sufrieron momentos críticos en su caminar con Dios. Lo cierto es que la inmunidad a los períodos complicados no existe, pero sí una herramienta sumamente útil llamada "automotivación", en otras palabras, *"la fuerza y proceso que inicia, guía y mantiene las conductas orientadas a lograr un objetivo o a satisfacer una necesidad".*

¿Recuerdas cuando eras niño y esperabas con ansias algo que deseabas con todo tu ser? ¿Salir a jugar con tus amigos? ¿Un regalo en Navidad? ¿Entrar a clases para ver a tus compañeros? ¿Ver a tu familia reunida? ¿Llegar al primer año de colegio? ¿Ser un astronauta? ¿O un deportista profesional? Desde niños, tenemos deseos que nos impulsan a buscar un propósito de vida. Una fuerza que nos motiva a caminar sin importar que los resultados aún no estén claros.

¿Hay acaso algún día más difícil en una dieta que el primero? Parecen ser las horas más pesadas y los minutos más eternos. La pregunta que nos hacemos es: ¿cuánto falta para ver resultados? Sin embargo, la motivación nos permite ver el día a día sin afanarnos por no ver resultados inmediatos. La motivación tiene la capacidad de mantener a un atleta olímpico preparándose día y noche durante años antes de una competición mundial. ¿Qué lo podría motivar para que entrene tan intensamente? **Un objetivo y un sueño en mente.**

De hecho, los psicólogos Brown y Fenske mencionan que sentirnos motivados nos sostiene en el camino del éxito.[1] Así que, mantener la motivación para realizar aún las tareas más sencillas u ordinarias suele ser tan importante como tenerla para nuestras metas generales. Un verdadero ejercicio de motivación se inicia cuando logramos cambiar nuestra actitud hacia los pequeños detalles de la vida. Por ejemplo, cuando tenemos que esperar en una fila, o cuando saludamos a una persona sin importar que todos los días la vemos, o cuando agradecemos a Dios por el día que acaba de iniciar.

El agradecimiento es el antídoto contra la depresión. En las investigaciones más recientes, se ha encontrado que el efecto de la gratitud es casi tan alto como el de muchos medicamentos para el mejoramiento del estado emocional. Practicar el agradecimiento previene estados de desánimo en nuestra vida y nos permite darnos cuenta que las pequeñas cosas se convierten en grandes fuentes de motivación.[2]

7.2. Características de una persona automotivada

Cuando vayamos a una tienda o a un restaurante, podemos hacer un ejercicio que resulta bastante útil. En primera instancia, nos atenderá alguna de las personas que trabajan allí. Es interesante hacer una lectura del estado de ánimo de los colaboradores en ese establecimiento. Con tan solo mirar atentamente sus reacciones, podremos darnos cuenta de cuáles están motivados y cuáles no. Para cuáles su trabajo representa una carga y para cuáles no.

Una persona automotivada reluce y se nota a leguas. Esto no significa que una persona automotivada siempre esté sonriente y sea amable con el resto. Eso sería caer en la utopía. Al contrario, una persona automotivada siempre tiene en su mente un objetivo, un sueño y un propósito que la pueden levantar de cualquier momento desafortunado de la vida.

Algunas características de las personas automotivadas:

- *Ven el vaso medio lleno y no medio vacío.*
- *Se dan oportunidades a sí mismos, aunque fallen por enésima vez.*
- *Persiguen sueños y se preocupan por lograrlos.*
- *Se enfocan en pensamientos positivos.*

- *Utilizan sus emociones para acercarse a sus metas.*
- *Se cuestionan constantemente cuáles son sus prioridades.*
- *Confían en Dios y en sí mismos.*
- *Asumen los desafíos como obstáculos y no como barreras.*
- *Son perseverantes.*
- *Ven las cosas que no son como si fueran (cf. Génesis 15:5).*

7.3. Desmotivación

No debemos satanizar la desmotivación y catalogarla como un estado depresivo. Todos los momentos emocionales (como hemos visto) tienen su propósito. No se trata de evitar la desmotivación, sino descubrir cuáles son las razones que nos tienen desmotivados. ¿Por qué nuestros sueños dejaron de latir? ¿Qué nos ha hecho perder la ilusión de alcanzar nuestras metas? ¿Cuándo tiraste a la basura la idea de salir de tu situación actual? ¿Cómo fue que te deshiciste de tus deseos de la niñez?

La desmotivación es un estado perfecto para cuestionarnos sobre el norte y el rumbo de nuestro proyecto de vida. Si no hubiera sido por los momentos de desmotivación, David no habría escrito la mayoría de sus salmos. Podemos ver que él mismo menciona que se encontraba en un momento de rendición (cf. Salmo 142:3); sin embargo, terminaba teniendo una conexión más fuerte con Dios después de cada momento de crisis. Cada salmo, aunque escrito en medio de la melancolía y del dolor del alma, tenía el propósito de solidificar su relación con Dios.

En medio de la desmotivación, hay que encontrar las mil y una razones que hay para motivarnos a seguir adelante.

7.4. Motivación extrínseca y motivación intrínseca

La *motivación extrínseca* se refiere a las motivaciones que vienen de afuera de nosotros mismos. Por ejemplo, hay personas que se sienten motivadas con el pago quincenal, con el reconocimiento público o con cualquier otro tipo de incentivo que las haga sentir mejor.

Por ejemplo: graduarse profesionalmente, tener un hijo, comprar una casa, tener un terreno, ver a un amigo casarse, etc.

En este sentido, debemos tener cuidado al enfocar nuestra motivación en elementos externos. Jesús claramente dijo que el reconocimiento público o los aplausos de la gente pueden distraernos de lo que realmente importa. No quiere decir que no tengamos la intención de agradar a los demás con buenas obras, pero cuando esto se convierte en nuestra única motivación, puede generarnos un desequilibrio emocional. A veces nos motivarán y otras veces no. (cf. Mateo 6:1)

La motivación extrínseca tiene la particularidad de ser inconstante, puesto que no tenemos el control de aquellas *cosas* que nos motivan y las que no. Por su lado, la *motivación intrínseca* viene del interior de cada uno de nosotros. De hecho, tiene que ver con la capacidad que tienen las personas para encontrar, en sí mismas, deseos de autorrealización y crecimiento personal.

Por ejemplo, existe una gran diferencia cuando un trabajador quiere mejorar su productividad para tener una sensación de bienestar, a cuando lo hace para que los demás lo vean. La motivación intrínseca tiene que ver con hacer nuestras actividades del corazón y no por una presión social. Esta motivación perdura y es constante porque no depende del reconocimiento de los demás.

Pablo agrega la motivación a la acción de hacer nuestras tareas como para Dios (cf. Colosenses 3:23). Este desafío plantea una relación dinámica con Dios, no porque tengamos que agradarlo como un "requisito de admisión" para entrar a su trono, sino porque podemos motivarnos constantemente con alguien que no nos abandona jamás. Dios está siempre allí (cf. Salmo 121:5) y ve la intencionalidad de nuestro corazón (cf. Jeremías 17:10).

7.5. La fe, el realismo y el positivismo

Es interesante observar cómo la ciencia ha avanzado en el descubrimiento de los efectos de nuestros pensamientos en el cerebro. Incluso, algunos estudiosos se han encargado a enumerar algunos efectos positivos de la fe en el cerebro. Por ejemplo, se ha descubierto que la fe restaura nuestra capacidad cerebral, nos permite crearnos una idea de Dios y podemos visualizar escenarios que ignorábamos (cf. Marcos 9:23, Hebreos 11:6 y Hebreos 11:3).

Es así como la fe se convierte en un arma poderosa para activar nuestro cerebro en función de las promesas que Dios ha establecido para nosotros (cf. Hebreos 11:1). Fue por la fe que los héroes mencionados en este capítulo hicieron hazañas impresionantes e históricas, dignas de recordarlas siempre. Se ha demostrado que la incredulidad (no creer) está relacionada a un alto nivel de desmotivación. Si nos preguntamos por qué, la respuesta es sencilla. Si no hay razones para creer que hay un mejor mañana y un futuro prometedor, ¿para qué tener ilusión? ¿Para qué soñar? ¿Para qué tener convicción?

El positivismo (pensamientos positivos) es asimilado por el hemisferio derecho del cerebro, ligado a las emociones. Por lo tanto, va a generar placer, sorpresa y alegría. Por su parte, los pensamientos negativos (realistas y limitados) llegan a afectar la amígdala cerebral, una estructura del cerebro ligada a sensaciones de malestar, ansiedad e ira. Es en ese momento, cuando las personas reaccionan en dos vías: responden de manera similar o acuden a la razón.[3]

La fe y el realismo no son enemigos, pero no deben vivir en la misma casa. El realismo nos permite ver la actualidad y un panorama general de cómo está nuestra vida, objetivos y metas. Sin embargo, el realismo sirve para permitirnos abrir los ojos de nuestra fe (cf. Romanos 1:17) y observar lo que aún no ha ocurrido. Inmediatamente, se activa nuestra capacidad de visualizar experiencias placenteras. En conclusión, podemos decir que la fe es una fuente para generar emociones satisfactorias.

Aplicación #7

1- En tu opinión, ¿cómo identificas que estás motivado?

____

____

____

2- ¿Cuándo fue la última vez que te encontraste desmotivado? ¿Por qué fue?

____

____

____

3- ¿Has tenido episodios de desánimo? ¿Qué te ha desanimado? Si todavía estás desanimado, ¿qué te desmotiva?

____

____

____

4- De las características enumeradas de una persona automotivada, ¿cuáles identificas en tu diario vivir y cuáles no?

____

____

____

5- Indica un plan personal de cómo vas a comenzar a motivarte de aquí en adelante.

____

____

6- Menciona al menos tres objetivos, sueños, metas o proyectos que te generen motivación y cuál es el propósito que eso tiene en tu vida.

____

____

7- Identifica al menos dos actividades que te motiven extrínsecamente y otras dos que te motiven intrínsecamente.

____

____

____

8- Enumera 5 cosas que te motivan.

____

____

____

9- Por favor, escribe tu reflexión sobre el capítulo 7.

____

____

____

Capítulo 8

Empatía

8.1. ¿Qué es empatía?

> *"La conciencia de uno mismo es la facultad sobre la que se erige la empatía, puesto que, cuanto más abiertos nos hallemos a nuestras propias emociones, mayor será nuestra destreza en la comprensión de los sentimientos de los demás".*[1]
>
> — Daniel Goleman

Luis era un joven de 28 años que vivía en las calles de la capital, andrajoso y maloliente. No obstante, sus años de infancia habían sido completamente diferentes. Era el tercero de cuatro hermanos. Su familia lo amaba, todos los años celebraban su cumpleaños junto a sus primos favoritos. Sus padres tenían algunos problemas, pero aun así en la familia de Luis se respiraba afecto, cariño y protección.

Pasaron los años y, cuando Luis tenía 14 años, probó por primera vez la cocaína de manos de uno a los que llamaba "amigos" del colegio. Después de un proceso tedioso de autodestrucción, comenzó a robar las joyas de su madre para venderlas por unos cuantos gramos de droga. Así continúo su historia hasta que sus padres, con el corazón destrozado, tuvieron que internarlo en un centro de adicciones con la esperanza de que un día pudieran tener nuevamente en sus brazos al Luisito, como ella le decía, que corría por el patio de la casa celebrando su cumpleaños.

Su tiempo en el centro de rehabilitación fue intermitente, porque al demostrar buen comportamiento regresaba a las calles y, al no tener un círculo de apoyo suficientemente fuerte, recaía buscando drogas en los mismos *bunkers*. Su vida era un círculo vicioso que se extendió por 14 años más. Su familia estaba verdaderamente destrozada, otro de sus hijos había visto la ausencia de Luis en la casa, y había acabado en la misma situación de su hermano mayor. Este hermano se llama Marcos. Ambos, Marcos y Luis, perecían en la calle esperando que algún samaritano se acercara a proveerles un bocado de pan, pero no siempre lo obtenían. La mayoría de las ocasiones terminaban durmiendo en el suelo frío de la capital con su estómago vacío.

No vivían juntos, si no que ambos estaban en diferentes sitios de la ciudad. Todos los días pasaban multitudes de personas que se les quedaban viendo con desdén, con desagrado y hasta con asco de ver sus ropas sucias y malolientes. Nadie se imaginaba que detrás de esos dos jóvenes había una familia, dos padres desesperanzados por sus hijos, expuestos a morir en manos de la vergüenza y la indigencia.

Luis había dejado de creer en la gente. Veía profesionales, abogados, doctores, pastores, sacerdotes y muchas personas pasando al lado, viendo cómo su necesidad ni siquiera les tocaba el corazón. Nada parecía sensibilizar el corazón de la sociedad, todos caminaban en búsqueda de sus metas personales. Un día, se acercó un joven con un grupo de personas, preparadas para dedicarle unas cuantas horas de su día. Sacaron la máquina de afeitar y, por primera vez en dos años, lo afeitaron y le cortaron el pelo. Por primera vez, alguien le tocaba sus pies sin temor a contagiarse de alguna enfermedad. Otros jóvenes sacaron una gran ducha portátil y lo mojaron por primera vez en el último año. Le botaron su camisa maloliente y lo vistieron con ropa nueva. Parecía un sueño, Luis no entendía qué estaba sucediendo. Un grupo de jóvenes, listos para ponerse al servicio de los habitantes de la calle. Luis recordó cuando su madre lo bañaba después de jugar con sus amigos todo el día. Era quizás uno de los días más importantes de su vida, pero al mismo tiempo se sentía confundido. ¿Qué tenían estos buenos samaritanos?

Al tiempo, Luis murió en manos de la delincuencia. Una noche, tuvo un forcejeo con otro habitante de la calle que llevaba un cuchillo en sus manos. En medio de la desesperación y el hambre, Luis recibió una puñalada en el pecho dejándole en el suelo respirando sus últimos minutos de vida. Nadie presenció aquella escena. Mientras las multitudes dormían, Luis se debatía entre la vida y la muerte. No aguantó lo suficiente, pasaron 25 minutos y aquel hombre había perdido la batalla. A los días, su familia se enteró de lo sucedido. Destrozados, organizaron una pequeña ceremonia para recordar al hijo con el que solamente pudieron pasar los primeros 14 años de su vida. Curiosamente, Marcos estuvo presente aquella noche, era la oportunidad de oro para reconsiderar su vida y ordenar sus pasos. Marcos, luego de ese día, cambió su paradero y evitaba dormir en las calles de la capital, al ver lo que su hermano mayor había sufrido.

La historia que se acaba de narrar es la parábola moderna del buen samaritano. Luis representa a aquel hombre que había sido asaltado. La multitud son todas aquellas personas que pasaron al lado del hombre y alzaron su vista sin tan siquiera atender alguna de sus necesidades. El buen samaritano es este grupo de jóvenes que literalmente "ensuciaron" sus manos e invirtieron sus recursos para darle un servicio digno a aquel hombre de la calle. ¿Qué tenía el buen samaritano que lo hizo acercarse a aquel hombre golpeado o qué tienen estos jóvenes interesados en descontaminar a este hombre de sus suciedades? Empatía. (cf. Lucas 10:25-37).

Por mucho tiempo, la empatía se ha definido como la *"capacidad que tienen las personas para ponerse en los zapatos de los demás"*. Es poder evaluar e identificarse con la situación que atraviesan las personas alrededor, sin que sean necesariamente relaciones cercanas. En este caso, el samaritano o los jóvenes no conocían a las personas a las que iban a beneficiar. La empatía no es exclusiva para las personas que amamos, sino para todas las personas en general. Un principio fundamental de la empatía es que la persona a la que estamos extendiéndole la mano no necesariamente merece nuestro buen trato. Es mucho más honroso ver a una persona sirviendo a alguien que no lo merece que ver una situación en la que ambos se sirvan sin ningún impedimento. Ese es el verdadero reto (cf. Mateo 5:46).

La empatía es el cuarto pilar de la inteligencia emocional, definida como la capacidad de comprender la situación del otro. No significa que la empatía es "pensar igual" u obligarnos a unir nuestras opiniones. Todo lo contrario, la empatía es la capacidad de escuchar activamente y "estar ahí" para otros cuando lo necesitan. Las personas con empatía tienen mucha más facilidad para forjar relaciones sólidas, que perduran a lo largo del tiempo.

8.2. Características de una persona empática

Son muchos los beneficios que obtiene una persona que desarrolla la empatía en sus relaciones interpersonales. Sobre todo, la persona empática pasa de ser una persona que "desea que se acabe una conversación" a crear de cualquier diálogo un momento significativo. ¿Te has puesto a pensar cuántas veces deseas dejar la mesa rápidamente para concentrarte en tus asuntos? ¿Has notado personas que tienen la necesidad de hablar sobre algún problema personal, y por nuestro sentido de urgencia, interrumpimos su deseo de exteriorizar sus emociones?

Algunas de las características de las personas con empatía son:

- *Aprenden y desarrollan el hábito de la escucha.*
- *Muestran verdadero interés.*
- *Asienten con la cara y utilizan frases cortas para confirmar que están prestando atención.*
- *Interpretan las señales no verbales.*
- *Prestan atención a detalles secundarios: tono de voz, duración de la respuesta, ademanes, etc.*

- *Muestran comprensión y no juzgan las emociones de los demás.*
- *Utilizan expresiones como: "Entiendo. Te comprendo. Debe ser bastante complicado..."*
- *Apoyan desde su experiencia sin ser invasivos con su testimonio.*

De acuerdo con un grupo de psicólogos, existe el modelo de coste-recompensa, el cual sugiere que, al ver a una víctima en una situación de riesgo o peligro, se provoca una agitación psicológica negativa que impulsa y motiva a los demás para tratar de reducir las consecuencias trágicas del evento.[2] Por ejemplo, imaginemos a una persona que quiere acabar con su vida al borde de un puente, ¿cuál sería nuestra reacción si estuviéramos a escasos metros? ¿Acaso no buscaríamos que la persona reconsidera su decisión y se bajara de ahí? ¿No querríamos tener un arnés y lanzarlo sobre su ropa por si desea lanzarse al vacío, y que la cuerda lo sostenga evitando su muerte?

Una persona empática va más allá de los beneficios que pudiera obtener de una situación como esta, o de verse como el "héroe/heroína" del rescate. Más bien, la empatía trata de identificarse con el dolor ajeno y busca entender cuáles son las razones que motivan a una persona a terminar con su existencia.

8.3. Empatía vs. apatía

Frente a nosotros está Ted Bundy, un psicópata que asesinó a más de 36 mujeres jóvenes, aunque algunas investigaciones confirman que pudo haber matado a más de 100 personas. Tenemos la oportunidad de conversar con él, y de nosotros dependerá el curso de su vida. Imagina que tienes en las manos la potestad de elegir si vive o muere. Si pulsas un botón, la silla eléctrica descarga su máximo voltaje e inmediatamente Ted se retuerce hasta morir. Si no lo haces, le permites a Ted vivir toda una vida en la cárcel bajo la modalidad de cadena perpetua.

Se ha demostrado que la capacidad de socorrer a una víctima está estrechamente ligada a si nosotros consideramos que la persona merece atravesar la dificultad en la que está. Muchas personas, de forma instintiva, posiblemente hubieran querido apretar el botón de la muerte inmediata. Nosotros mismos formamos estereotipos y juicios que nos permiten valorar quién merece sufrir menos o sufrir más. Bajo ese pensamiento, Jesús sacudió el sentido común. En la cruz estuvo colgado a la par de dos malhechores, y dejando a un lado el récord criminal de uno de ellos, le prometió que próximamente iba a gozar de su compañía por el resto de la eternidad. (cf. Lucas 23:43) ¿Cómo puede alguien, en el momento más crítico de su existencia—casi en el último suspiro—mostrar empatía cuando lo más fácil hubiera sido lamentarse y quejarse de su situación?

La apatía tiene que ver con la cantidad de prejuicios que nosotros mismos hayamos forjado a lo largo de la vida respecto a algunas situaciones en particular. Por ejemplo, nosotros consideramos peor a alguien que roba un banco que a alguien que roba una manzana en la feria del agricultor. Calificamos el acto por las consecuencias que eso conlleva, pero en la balanza de la ética y la moral, la acción sigue siendo indebida. Calificar a las personas por sus hechos eleva el nivel de apatía en nuestra forma de conducirnos en la vida. Imaginemos a alguien que hirió fuertemente nuestra confianza y, a raíz de eso, comenzamos a alejarnos afectivamente al punto de que evitamos relacionarnos con esa persona. De forma errónea, algunas personas tratan a los demás de acuerdo con sus acciones solamente y eso provoca un congelamiento en las relaciones. La empatía es el "*calor*" que aviva la imperfección de la humanidad y nos acerca a la perfección de nuestro Creador.

8.4. Dar el beneficio de la duda

Un niño de 8 años patea una bola y quiebra el vidrio de la casa de su vecino. A la defensa sale su madre justificando que él no quería hacerlo, y que fue un accidente. Ella se hará cargo de la reparación de la ventana. Cuando llega a su casa, la madre conversa con su hijo preguntándole que ocurrió y el niño confiesa que no midió su fuerza y no pudo evitar la catástrofe que provocó.

Este escenario nos permite ver una de las técnicas más útiles para desarrollar empatía. La empatía tiene que ver con el equilibrio emocional porque nos permite mantener nuestra paz para atender a los demás y convertirnos en transmisores de un ambiente de serenidad. Uno de los primeros pasos para mantenernos en paz con la mayoría de las personas es conservar nuestra propia paz interna. (cf. Romanos 12:18)

La técnica de "dar el beneficio de la duda" es similar a justificar los eventos que nos ponen en aprietos, aun cuando los demás tengan la culpa de lo cometido. Por ejemplo, imaginemos que dos hermanos se organizan para hacerle una fiesta sorpresa a su padre. Es la fiesta de 50 años, el hermano tiene a cargo la lista de invitados y la comida, mientras que la hermana es la responsable del alquiler del lugar y la contratación del equipo de sonido. Cuando llega el día, a la hermana se le olvida llamar a los sonidistas y tienen que improvisar un parlante que tenían en la casa. El hermano se alza inmediatamente en enojo y le reclama a media actividad, provocando que sus otros familiares se sientan incómodos.

La técnica del beneficio de la duda puede aplicarse para evitar un conflicto y justificar el error de la otra persona, no con el propósito de encubrir las faltas, sino con el fin de no perder el equilibrio emocional. La recomendación para el hermano sería: Primero, pensar en que su hermana se esforzó lo suficiente para alquilar el lugar y la logística demandaba una gran planificación, por lo que era probable que olvidara alguno de los detalles. Después, decirse a sí mismo "Le voy a reconocer su esfuerzo y luego tratamos de buscar una segunda opción". Esa decisión simple puede cambiar el curso de la fiesta. En primer lugar, estabiliza y neutraliza la equivocación, y en segundo lugar, potencializa los aspectos positivos y los esfuerzos demostrados por parte de la persona que ha cometido la falta.

8.5. En los zapatos de otros

Para desarrollar y potenciar la empatía, es importante practicar. El avance emocional requiere planificación y estrategia. Jesús fue un gran planificador de situaciones en donde tenía que poner en práctica sus hábitos emocionales. Por ejemplo, Jesús tuvo una conversación, con la mujer samaritana, en el pozo de Jacob. Incluso se menciona que a Jesús "*le era necesario pasar por ahí*" (Juan 4:4), lo cual demuestra que había una misión secreta en esa escena. Más adelante, el Maestro de las Emociones le ofrece a la mujer beber del agua de vida que saciaría su sed para siempre. Una conversación, y la escucha activa de la situación de vida de la samaritana, provocó que ella cambiara su vida y trajera a muchos más a compartir su experiencia. (cf. Juan 4:28)

Algunos de los consejos recomendados para ser una persona empática son:

1. *Pregunta lo que nunca has preguntado.*
2. *Muestra interés.*
3. *Desactiva los distractores.*
4. *Observa diálogos en las películas, series o conversaciones del día a día que puedan dar luz de cómo tener conversaciones más profundas y serias.*
5. *Elije a una persona e intenta ser empático con él o ella durante una semana.*

Aplicación #8

1- En tu opinión, ¿cómo defines la empatía?

___

___

___

___

2- Menciona dos experiencias en donde has podido ser empático y no lo has sido. ¿Qué harías diferente hoy?

___

___

___

___

3- Comenta una situación en donde has tenido que mostrar la empatía a pesar de la crítica de los demás.

___

___

___

4- ¿De las características enumeradas de una persona empática, ¿cuáles identificas en tu diario vivir y cuáles no?

___

___

___

5- Indica un plan personal de cómo vas a comenzar a ser más empático a partir del día de hoy.

____

____

____

____

6- ¿Cómo vas a aplicar el principio de dar el beneficio de la duda?

____

____

____

____

7- Por favor, escribe tu reflexión sobre el capítulo 8.

____

____

____

____

Capítulo 9

El mayor don: amor

9.1 ¿Qué es el amor?

"Sentir el amor es más fácil que explicarlo porque nadie nos ha educado para amar y ser amados, al menos de manera explícita".[1]

— Walter Riso

Una de las dificultades principales que encontramos los seres humanos es poder traducir a palabras o plasmar en un papel lo que entendemos por "amor". Casi siempre, es más sencillo dar ejemplos del acto de amar que dar una definición que englobe este concepto tan abstracto. Es cierto que la práctica de amar varía de acuerdo con cada cultura alrededor del mundo. Por ejemplo, en Corea del Sur se toman muy a pecho el cuidado de las relaciones amorosas, tanto así que celebran el Día de San Valentín hasta 12 veces en un año. El día 14 de cada mes se dedica especialmente para celebrar el amor junto a la pareja. Las fechas tienen otros nombres como "El día de la plata", "El día verde", "El día del abrazo", entre otros.

En otros países orientales, el amor es mucho más que la idealización del romanticismo. De hecho, tiene mayor importancia mantener la identidad que otorga la familia antes de sostener una relación amorosa "idealizada". En el caso de las mujeres, primeramente son hijas, esposas, madres, hermanas, trabajadoras; asimismo los hombres. En estas culturas, la idea del amor novelesco pasa a un segundo plano ya que es más importante mantener las raíces familiares. Incluso, en países como la India, se echa mano de la astrología para determinar el rumbo y la unión de dos personas. De la misma forma, podemos observar cómo eran tradicionalmente las relaciones en la Biblia dentro de un contexto judeocristiano. (cf. La historia de Jacob y Raquel en Génesis 29).

La expresión de las relaciones depende de cada contexto, es decir, responden a un momento determinado en la historia, a una cultura y a las tradiciones familiares. Por esa razón, las fórmulas para que una pareja sea exitosa son prácticamente inexistentes. Cada relación tiene sus particularidades y debe ser analizada de forma individual. Aun así, hay múltiples fuentes que nos enseñan a mantener relaciones saludables con el ingrediente más importante de la inteligencia emocional: ***el amor***.

Cuando comparamos el Antiguo Testamento en función del Nuevo Testamento, se puede ver una línea que entrelaza la historia antes de Cristo y los siguientes años después de la muerte y la resurrección del Hijo de Dios. Las enseñanzas de Jesús fueron abundantes en cada uno de los temas que trató con sus seguidores. De igual manera, los discípulos dejaron una gran lista de mensajes, a lo largo de sus cartas, que trastornaron el mundo en aquel entonces, y que, hasta el día de hoy, siguen marcando un precedente en las personas alrededor del mundo. Sin embargo, cuando se trató de resumir el contenido de todas las Escrituras, Jesús mismo señaló que si tuviéramos que dar una respuesta rápida sobre el tema central de la Biblia dijéramos lo siguiente:

> *"Ama al Señor tu Dios con todo tu corazón, con toda tu alma y con toda tu mente". Este es el primer mandamiento y el más importante. Hay un segundo mandamiento que es igualmente importante: "Ama a tu prójimo como a ti mismo".* ***Toda la ley y las exigencias de los profetas se basan en estos dos mandamientos".***
>
> — Mateo 22:37-40, ntv

Es sumamente interesante el valor que la Biblia le da al tema del amor, al punto de considerarlo su columna vertebral. De hecho, si nos preguntamos por un momento cuál fue la razón fundamental y motivacional por la cual Dios se desprendió de su identidad divina y de sus poderes ilimitados (cf. Filipenses 2:7-11), para encarnarse en la piel de un ser humano con tal de salvar a la humanidad, quizá no encontraríamos suficientes respuestas lógicas. No obstante, la respuesta más atinada para poder describir de alguna manera dicha situación es que definitivamente el Creador de los cielos y las galaxias nos amó a cada uno de nosotros. (cf. 1 Juan 4:10)

> *"El amor es el único sentimiento que nos hace olvidarnos de nosotros mismos y entregarnos sin medida".*
>
> — Augusto Cury

Desde un punto de vista racional, es bastante difícil comprender esto. ¿Qué sentido tiene que Dios mismo, conociendo el futuro y el destino de todas las cosas, decidiera por su cuenta pagar un precio sacrificando su propia vida terrenal? Parece un cuento de amor. De hecho, en la mayoría de las películas de amor, el mensaje central generalmente gira entorno al rescate o la búsqueda de la pareja perfecta. Se ha estudiado que las películas tienen un alto impacto en la concepción que los seres humanos tenemos del amor ya que activa las zonas de recompensa del cerebro y nos permiten creer que el amor existe solamente cuando nuestra historia se parece a la de otras parejas.

Con todo lo analizado hasta el momento, es vital poder acercarnos de alguna manera a la definición de amor. Por eso las preguntas que hacemos es: ¿Qué es el amor? ¿Cómo podemos explicárselo a un niño de 3 o 4 años? Si tuviéramos que usar un máximo de tres palabras para darle a conocer a alguien lo que entendemos por amor, ¿cuáles utilizaríamos?

La palabra amor proviene del latín *"amor, amōris"* o incluso de *"amāre"* que es equivalente al verbo amar. Desde sus comienzos, la palabra amor se refiere a una gran variedad de emociones que se relacionan y se experimentan al dar afecto o cariño en diferentes niveles de relación: Dios, pareja, amistades, familiares, etc.

¿Qué sería capaz de hacer un padre por su hijo enfermo? ¿Qué haría una esposa sabiendo que su pareja está a punto de perder la vida a raíz de una enfermedad terminal? ¿Cuál sería el modo de comportarse de un nieto, que ama a su abuela, al verla desaparecer a causa de su demencia senil? ¿Cuál sería la conducta de un esposo que tiene la oportunidad de ver a su pareja después de seis meses de trabajo en el exterior? ¿Qué haría un padre o una madre para ver a su hijo feliz y exitoso en la vida?

Solo el amor nos hace cometer actos inconcebibles. Vemos a una madre acudiendo a todos los entrenamientos de su hijo pequeño porque se deleita en la felicidad que emana su sonrisa. Vemos a un padre recolectando dinero, de todas las formas posibles, para poder pagar la operación de su hijo que sufre de cáncer. Vemos a una esposa sumida en la vigilia apoyando a su esposo que lleva 10 años de insomnio. Vemos a una madre aconsejando a su hija que sufre después de una ruptura amorosa pensando que su mundo se le derrumbará. Hay muchísimos escenarios en donde podemos ver la manifestación del amor genuino y auténtico.

9.2. ¿Cómo identificamos el amor?

Para poder diferenciar el amor de otros comportamientos, debemos descartar primeramente todo aquello que no es amor. En primer lugar, se debe aclarar que el amor no debe confundirse con las relaciones tóxicas. Para eso haremos un repaso de las características que contienen los vínculos tóxicos:

1. *Codependencia emocional*: Adicción a la pareja, tener la necesidad de ayudarle y mantener de forma constante una preocupación excesiva por su bienestar. Incluso, tomar decisiones por su pareja para evitar que sufra por un riesgo detectado.

2. *Poca vida social:* Sacrificio de las amistades y parientes cercanos para enfocarse solamente en la pareja.
3. *Obsesividad:* Obsesión por estar al tanto de la relación, prácticamente se restringen de muchas de sus actividades personales para encargarse de su pareja.
4. *Es irreal y poco objetivo:* Establecer prioridades y expectativas irreales, lo cual genera un alto grado de frustración. Vivir en función de ideales y no de la realidad que se atraviesa.
5. *Necesidad de aprobación:* El vacío en las personas los lleva a depender de la afirmación de su pareja. El otro se vuelve la fuente de seguridad, estabilidad y comodidad que la persona no tiene en su propia vida.
6. *Preocupación por el cambio:* Las parejas celan de alguna manera el éxito del otro a raíz de su propia frustración. Descalifican que al otro le vaya bien.
7. *Posesividad y control:* Se considera a la pareja como parte de sus pertenencias. Se toman la libertad de controlar sus actividades, su horario y sus artículos personales. Juegan un papel de "padres" o de "autoridades" en la otra persona.
8. *Celos:* Es la causa continua de las peleas. Los celos, por lo general, se basan en sospechas injustificadas.
9. *Manipulación:* El chantaje emocional es parte de una relación tóxica. Se obliga a la otra persona a hacer cosas incluso en contra de su voluntad.
10. *Mala comunicación:* Hay más suposiciones que mensajes bien recibidos. Al no haber fluidez en la comunicación, se pierde la confianza.
11. *Muchos conflictos:* Todo lo anterior provoca que en la relación se detonen diversas problemáticas. Constantemente, hay amenazas de abandonar la relación; sin embargo, en la mayoría de las ocasiones, es solo un mecanismo de manipulación.

Actualmente, el concepto de amor ha sido sumamente tergiversado. Se puede confundir cualquier relación con amor y no necesariamente es así. Por ejemplo, en el círculo de la violencia física, muchas parejas se escudan bajo el argumento de "*te amo*" para continuar abusando psicológica y físicamente a su pareja. Incluso, en otras culturas, algunos actos se llevan a cabo en nombre del "*amor por una deidad*", dejando centenares de muertos y sacrificando la vida de personas inocentes. Sucede de forma parecida con los hombres o las mujeres que solamente buscan placer sexual en una persona. Buscan experiencias pasajeras, y no relaciones estables. Confundir el amor con heroísmo, dependencia o placer es uno de los síntomas más críticos de la población en la que vivimos, porque lo inmediato y lo asequible ha relegado lastimosamente el valor del compromiso.

Es necesario recobrar el verdadero significado del amor, defender sus raíces y sus bases verdaderas. Las bases del amor están construidas sobre un pilar fundamental: el amor propio. El que ponga en peligro la seguridad de otra persona para justificar sus actos de manipulación no está amando, sino aprovechándose de los demás. El amor va en función de beneficiar a otros como una respuesta automática al amor que tenemos hacia nosotros mismos. Si no nos amamos lo suficiente, amar a otros será una tarea compleja. Eventualmente, eso afectará la cadena porque si no amamos a nuestro prójimo, amar a Dios será una ardua encrucijada. (cf. 1 Juan 4:20)

Para tener claridad sobre los diferentes tipos de amor que existen, se han realizado una serie de estudios que demuestran que los grados de afectividad pueden variar de acuerdo con la forma en que expresamos nuestras emociones.

9.3. Tipos de amor

Elaine Hatfield clasificó el amor en dos grandes categorías: **el amor apasionado y la camaradería.**[2] En el *amor apasionado,* las personas se guían inicialmente por sus impresiones inmediatas y se presenta una mayor actividad física relacionada con emociones intensas.

Generalmente, ocurre la excitación física y el aumento de la producción de hormonas, como la dopamina y la oxitocina, fuentes de los sentimientos de amor y placer. Casi siempre, el amor apasionado ocurre en los primeros meses de conocer a una persona que nos atrae. El amor apasionado puede ser una respuesta al enamoramiento.

Por el contrario, en la *camaradería* se experimentan sentimientos más profundos, pero una excitación física menor. Se cree que la camaradería es el resultado del amor apasionado y puede ser más estable que el anterior.

Por su parte, otros científicos definieron seis tipos de amor: **eros, manía, ludus, ágape, pragma y storge.** Para efectos de este manual, tomaremos en cuenta los propuestos por Walter Riso de acuerdo con la etimología griega que también aparecen en la Biblia: **eros** (el amor que toma y se satisface), **philia** (el amor que comparte y se alegra) y **ágape** (el amor que da y se complace).[3]

9.3.1. Eros

Se define como el sentimiento intenso y apasionado. Tiene que ver con el placer, el deseo, la posesión, el enamoramiento y la pasión. De ahí viene la palabra "erotismo". En este tipo de reacciones, lo más importante es el "**yo**" que anhela, desea y exige ser satisfecho. Es una faceta egoísta puesto que todas las expectativas están colocadas en la satisfacción de uno mismo. Algunas expresiones que proceden de eros podrían ser: *"Te quiero mía". "Eres para mí". "No quiero tener a nadie más, sino a ti". "Te quiero poseer". "Compláceme".*[4]

Este es el amor que por lo general duele, y se relaciona con la dependencia y la manipulación. Son las reacciones más cercanas a la locura y falta de autocontrol. No obstante, eros juega un papel importante en los matrimonios y en las parejas, ya que aporta un elemento físico de placer. Eros puede ser la antesala de philia, más no alcanza por sí solo para construir un amor completo. Siempre necesitará de algo más sostenible. (cf. Cantares)

9.3.2. Philia

Philia es el amor de la fraternidad. En este tipo de amor, el "**yo**" busca darle lugar al "**otro**" para que ambos sean importantes. No solo se preocupa de sí mismo, deja de ser egoísta y busca la solidaridad. La generosidad, la simpatía y la benevolencia son resultados de philia, en donde el otro también merece un espacio. Las amistades de años o las relaciones con personas que amamos, más no a un nivel profundo, pueden catalogarse dentro de un ambiente de philia.[5]

Aun así, "**yo**" sigue siendo el primero. La emoción central de philia no es el placer, sino la alegría de compartir con otros, pasarla bien y tener momentos gratificantes. Ambas partes experimentan bienestar. En philia no se requiere acople total o compatibilidad, basta con que haya intereses en común y algunos aspectos que incentiven la convivencia. Philia no excluye a eros, pero es más perdurable en el tiempo y, por lo general, en las relaciones estables philia es un mejor aliado que eros. Eros dura un momento, philia se sobrepone a eros y provee convivencia. (cf. Santiago 2:15, 1 Juan 3:17)

9.3.3. Ágape

Es el más elevado de los tres, es el amor que trasciende el "**yo**" y busca beneficiar al otro de forma desinteresada. Está relacionado con la ternura, el cariño y la no violencia. Es más que una amistad en donde el "**yo**" sigue prevaleciendo. En ágape, el amor es entregado, puro y auténtico. Walter Riso indica que ágape es: *"la dimensión más limpia del amor, la benevolencia sin contaminaciones"*.[6]

Es importante descartar la idea de que ágape es sinónimo de idealización o el escenario perfecto, porque no se refiere a la construcción romántica del amor que aparece en las pantallas de cine. Se habla de que la persona impulsada por el amor ágape tiene la capacidad y la voluntad propia de renunciar a su propia fuerza para acoplarse a la debilidad de la persona amada. No busca el placer como eros, ni la amistad solamente como philia, sino la compasión y la empatía. Nos une al que sufre y nos conecta al que nos necesita y nos llama. (cf. Juan 3:16, Hebreos 4:15, Mateo 9:36)

Con respecto a las parejas y al desarrollo de las relaciones saludables, se ha confirmado la importancia de evolucionar hacia un amor completo y unificado, en donde existan las tres fuerzas del amor. El amor incompleto duele y enferma, pero el amor integrado hace crecer sustancialmente las relaciones.

Walter Riso utiliza el siguiente ejemplo: *"Conozco gente que ha disociado los tres amores hasta configurar una especie de Frankestein afectivo. Eros: una o dos veces por semana con su amante. Philia: en el hogar, junto a la esposa o el esposo. Y ágape: los domingos en la iglesia. Cuanto más separados estén los componentes del amor, mayor será la sensación de vacío y desamor".*[7]

Es impresionante que cuando Jesús hace alusión a los mandamientos más emblemáticos de su mensaje utiliza el componente de ágape para compartir un nuevo principio y regla de vida. De hecho, menciona: *"Este es mi mandamiento: que os améis los unos a los otros, así como yo os he amado"* (Juan 15:12). O cuando expresa su motivación para realizar el acto más recordado de la historia, utiliza el término de la compasión, del amor desinteresado y de los sentimientos más profundos que alguien puede experimentar con respecto a otra persona: *"Nadie tiene un amor mayor que éste: que uno dé su vida por sus amigos"* (Juan 15:13, NBLH).

Podríamos decir que el amor de Jesús había evolucionado alcanzando el pico de la autenticidad. Jesús no estaba obligado a amar porque amaba sin límites. Era un amante de la vida y de las personas. Se identificó con la debilidad del ser humano para mostrar su fortaleza. Creyó en cada persona, aun cuando tenía la plena consciencia de que gran parte de la gente lo rechazaría. ¿Quién podría seguir amando a los que le rechazan luego de haber pagado por ellos el precio más alto de la historia? (cf. Juan 1:11)

9.4. ¿Cuál es tu estilo de dar y recibir amor?

Una de las necesidades primarias del ser humano es la de *"sentirse amado"*. Incluso se ha demostrado que, en la mayoría de las ocasiones, los individuos que experimentan el amor y el afecto durante su infancia llegan a ser adultos responsables.

Desde pequeños estamos acostumbrados a ver a los demás demostrando afecto de muchas formas, tamaños y colores. Conforme avanzamos en la socialización, vemos otros modelos y ejemplos de cómo debería componerse una relación amorosa. Habrá quienes dediquen canciones, escriban poemas, preparen cenas románticas, escuchen con atención, motiven constantemente y abracen con frecuencia, entre otras cosas. Esto da para pensar que no todas las personas expresan el amor de la misma manera. Por eso, es de suma importancia estudiar los distintos lenguajes del amor que sugiere Gary Chapman (2009) para no caer en el error de estereotipar el afecto como si solamente existiera una forma de darlo o recibirlo.[8]

Por ejemplo, hay mujeres que en una primera cita no soportan que los hombres paguen la cuenta, así como hay otras que lo consideran un detalle indispensable e innegociable. Hay parejas que concentran su relación en el contacto físico y otras en los tiempos de calidad. Es importante reconocer el tipo de lenguaje del amor que nos satisface. De esta manera se podrán establecer relaciones más sanas, y de paso comprender que no todas las personas reciben el amor como nosotros deseamos recibirlo.

> *"No podemos pretender que otros reciban el afecto de la misma forma en la que nos sentimos amados. Todos somos diferentes".*

Cuando dos personas comienzan a conocerse, generalmente se fijan en detalles como la mentalidad, los estudios, la personalidad, los planes a futuro, la apariencia física y rasgos de la otra persona. Sin embargo, pocas veces se dan la tarea de identificar cuál es el estilo en el que la otra persona ama, o cómo se sienten amados.

Los lenguajes del amor no solamente aplican para parejas, pueden emplearse en la familia, en el trabajo o en cualquier lugar.

Aprender a leer el estilo de los demás nos permitirá ser más eficaces, más atentos y serviciales en las relaciones interpersonales. Cuando logramos comprender que no todas las personas perciben el afecto de la misma manera, desarrollamos tolerancia y nos damos la oportunidad de conocer a cada persona según sus características individuales. Sabemos a quiénes podemos darle un obsequio, o con quién preferimos tomarnos un café. Conocer el estilo de los demás es casi tan importante como aprenderse la fecha de su cumpleaños. A continuación, los lenguajes del amor:

9.4.1. Palabras de afirmación

Las palabras que utilizamos diariamente tienen gran impacto. Si hacemos un viaje al pasado, quizá recordemos momentos específicos en los cuales otras personas utilizaron sus palabras para edificarnos o para destruirnos. Un padre que le dice a su hija: ¡Tú puedes! ¡Puedes hacer tu mejor intento! ¡No hay nadie más bella que tú! O de una hija a su madre: ¡Gracias por todo tu esfuerzo! ¡Me has inculcado los mejores valores! ¡Gracias por convertirme en la persona que soy!

De igual forma, las palabras destructivas también tienen un gran impacto en las personas. Frases como: ¡No puedes! ¡Eres igual que tu papá! ¡No creo que esta vez lo logres! ¡Vas en camino al fracaso! ¡No creo que lo puedas hacer! ¡Ojalá te vaya mal! Proverbios 12:25 dice que *"La congoja en el corazón del hombre lo abate; mas la buena palabra lo alegra"*.

A través de las palabras afirmativas se expresa afecto, ánimo, apoyo, felicitación, elogios, amabilidad o humildad. Esto genera crecimiento y fortaleza en la autoestima y la seguridad de las otras personas. Por el contrario, las palabras negativas pueden generar desesperanza, tristeza, inferioridad, culpabilidad, entre otras emociones.

9.4.2. Tiempo de calidad

Hoy en día, la tecnología se ha convertido en uno de los principales distractores de las relaciones personales. Se dice que las redes sociales han buscado unir a las personas, sin embargo, los resultados del mal uso de estas nos han llevado a un panorama oscuro de aislamiento social.

Si vamos a un restaurante en la actualidad, es mucho más probable ver a una familia sentada en una mesa usando su celular que disfrutando una buena conversación. Como seres humanos, nos hemos adaptado a la era de la distracción. El entretenimiento de las sociedades actuales gira entorno a sí mismos y no al desarrollo de relaciones estrechas con los demás. Entre más "unidos" parecemos estar, nos encontramos más alejados de las personas que más amamos.

Por esa razón, las quejas y los problemas entre parejas aumentan. Inicialmente, cuando dos personas se conocen o establecen un vínculo, el tiempo que pasen juntos es crucial. En esa etapa es cuando se construyen las bases de una relación como la comunicación y la confianza. Sin embargo, al paso del tiempo, las parejas que dejan de tener espacios agradables para compartir experiencias y emociones, comienzan a perder la esencia y la intensidad de su relación.

Compartir tiempo de calidad es de suma importancia para las personas que más valoramos. Cuando aprovechamos el tiempo, desarrollamos la capacidad de escuchar y de ponernos en los zapatos de los demás. Podemos ver el sufrimiento en los ojos ajenos. Podemos alegrarnos por el triunfo de los demás. Nuestras relaciones crecen a través de los tiempos amenos; en contraste, las relaciones actuales, dominadas por la tecnología, van en detrimento.

Por ejemplo, ¿te has preguntado cómo podrías sorprender a una persona que valora los tiempos de calidad? ¿Has pensado en convertir una fecha normal en un momento extraordinario? ¿Una simple danza, en un baile del corazón? ¿Una simple visita a los padres, en una tarde de buenos recuerdos? Ser capaz de convertir momentos sencillos en ocasiones inolvidables es parte esencial de la inteligencia emocional.

9.4.3. Regalos

Ser capaz de identificar los gustos de los demás es una tarea que nos permite mantener mejores relaciones. Por ejemplo, cuando una mujer conoce bien a su amiga, seguramente conocerá cuáles son sus preferencias para vestirse. En su próximo cumpleaños, le regalará una blusa, un vestido o unos zapatos acorde a sus intereses de la moda. Funciona igual en todas las relaciones, conforme crece el conocimiento entre ambas partes, existe más facilidad para dar un obsequio que satisfaga los gustos de la otra persona.

Regalar es un acto de dar y de desprendimiento. En algunas culturas el enamoramiento y las relaciones amorosas tienen como un ingrediente sumamente importante la entrega de regalos. Incluso, en fechas festivas acostumbramos a dar un obsequio para celebrar y enmarcar ese momento importante.

Si bien es cierto, el consumismo puede ser un villano del acto de entregar un regalo. El valor de un regalo se encuentra en la intención que hay detrás y no solamente en la entrega de un producto físico. ¿Cuándo fue la última vez que te regalaste algo? ¿Cuándo fue la última vez que regalaste algo a una persona que amas? ¿Le has regalado algo a una persona desconocida? Ejercitar el acto de regalar nos permite estar abiertos ante experiencias nuevas.

9.4.4. Actos de servicio

La Madre Teresa de Calcuta dijo: "El que no vive para servir no sirve para vivir". Una frase que hace eco en el corazón de muchas personas. Incluso, el altruismo y la generosidad se han convertido en el estilo de vida de muchas personas. Hay fundaciones que se dedican exclusivamente al servicio de las personas más necesitadas. Tal es caso de las ONG que buscan responder ante las problemáticas sociales, económicas y ambientales que sufren las poblaciones vulnerables.

Jesús fue uno de los ejemplos más claros del servicio hacia los demás. Llevaba dentro de sí el ADN del servicio. Incluso, en algún momento de su peregrinaje, dijo lo siguiente: *"Porque ni aún el Hijo del Hombre vino para que le sirvan, sino para servir y dar su vida en rescate por muchos"* (Marcos 10:45).

Servir es una de las formas en que podemos expresar el amor que sentimos por los demás. Por ejemplo, un padre que se levanta en la madrugada para atender a su niño recién nacido y así evitar que la madre se despierte todas las noches es un acto de servicio. Podemos dar de comer a las personas que lo necesitan o donar una cantidad de dinero para que un indigente pueda subsistir un día más.

El servicio es un acto que nace de la esencia de cada persona. Cuando servimos, ponemos en acción nuestra parte más humana. Se puede servir con tiempo, con talentos, con dones, con dinero, con conocimiento. ¿Cuándo fue la última vez que serviste?

No nos vayamos tan lejos, cocinar, limpiar, lavar o hacer una tarea en la casa para servir al resto de los integrantes de la familia es una gran actividad de servicio. La esencia del servicio se encuentra en las acciones desinteresadas, cuando damos algo sin esperar nada a cambio.

9.4.5. Contacto físico

Es una de las formas de comunicación más frecuentes en las parejas. Abrazarse, besarse, tomarse de la mano, acariciarse, entre otras. Lo cierto es que el contacto físico debe ser moderado. Cuando las relaciones se centran solamente en el contacto físico se pierden otros momentos de madurez y crecimiento.

Sin embargo, hay personas que indican que su principal forma de recibir afecto es cuando son abrazados por su pareja. El contacto visual y los abrazos juegan un papel muy importante en el vínculo emocional de una pareja. En ocasiones, las palabras pueden ser reconfortantes, pero un beso o un abrazo puede calmar un momento de tensión. Es importante identificar el estilo de la otra persona para así responder de acuerdo con sus necesidades más cercanas.

No hay que ignorar que el contacto físico hoy en día parece no tener el mismo significado que antes. Las parejas buscan experiencias que duren segundos, en donde se invierten recursos emocionales y físicos. Con tal de experimentar un momento de placer, se sacrifica el afecto, el cariño y otros elementos fundamentales de una relación. El contacto físico es clave, pero al convertirse en el eje de una relación puede llevar a la psicoadaptación, un fenómeno que ocurre cuando los seres humanos pierden el sentido de asombro ante las cosas que le importaban anteriormente.[9] Es una incapacidad de las emociones humanas para reaccionar con la misma intensidad al exponerse al mismo estímulo.

Algunos consejos para equilibrar los lenguajes del amor son:

1. *Conocer los lenguajes del amor.*
2. *Identificar nuestro estilo.*
3. *Compartirlo.*
4. *Ponerlo en práctica.*

Algunos autores mencionan que los niños que se forman en los diferentes tipos de lenguaje podrán comunicarse libremente con cualquiera de ellos en un futuro.

9.5 Primera Corintios 13

Primera Corintios 13 es quizás uno de los pasajes más conocidos sobre el amor. En un gran párrafo, Pablo explica algunas de las características que lo identifican. Es el principal indicador que aparece en la Biblia para expresar las cualidades intrínsecas del amor. En primer lugar, se menciona la importancia de hacer crecer el amor por encima de cualquier otra virtud, ya que el amor es la esencia de todas las cosas. Sin amor, no somos absolutamente nada.

En segundo lugar, se señalan una serie de rasgos que caracterizan el amor. El amor es sufrido (quiere decir que se construye con el paso del tiempo y supera las adversidades de la vida), es benigno (busca el bien de los demás y no el mal ajeno), no tiene envidia (se goza en el triunfo y la victoria del otro), no es jactancioso (su foco de atención va más allá de sus propios intereses), no se envanece (constantemente necesita estar resurgiendo y fortaleciéndose), no hace nada indebido (respeta los límites personales y los límites de los demás) no busca lo suyo (no es egoísta, comparte de lo que tiene), no se irrita (busca la reconciliación aun cuando las emociones exploten), no guarda rencor (hay una práctica continua de perdón), no se goza de la injusticia (es atento con la necesidad del prójimo y desea que todos tengan acceso a las mismas condiciones). Finalmente, Pablo sugiere cinco características que encierran la verdad de esta gran experiencia de amar. Todo lo sufre, todo lo cree, todo lo espera, todo lo soporta y nunca dejará de ser.

Aplicación #9

1- En tu opinión, ¿cómo defines el amor?

2- Menciona dos experiencias en donde has evitado amar. ¿Qué harías diferente hoy?

3- Comenta una situación en donde has tenido que demostrar amor a pesar de las circunstancias externas.

4- ¿Cómo concibes el amor desde tu tradición familiar?

5- ¿Identificas uno o varios elementos de relaciones tóxicas en tu vida? ¿Cuáles?

6- De los tres tipos de amor, ¿cómo aplicas el eros, el philia y el ágape?

____

____

7- De los lenguajes del amor, menciona dos con los que te identificas principalmente.

____

____

8. Menciona un plan de acción para cada uno de los lenguajes.

____

____

9. ¿Cuál es tu lenguaje del amor más fuerte?

____

____

10. Elije a dos personas cercanas, como mínimo, y trata de identificar sus estilos de comunicar el amor. Anota el nombre y el lenguaje.

____

____

11. Por favor, escribe tu reflexión sobre el capítulo 9.

____

____

Capítulo 10

HABILIDADES SOCIALES

10.1. ¿Qué son las habilidades sociales?

Imaginemos la siguiente escena. El gerente general de una gran empresa transnacional llega a su oficina, un lunes por la mañana, con un elevado nivel de frustración sin justificación alguna. Sus compañeros de trabajo lo ven exacerbado sin entender qué sucede nuevamente detrás de su mal modo. Pasa directo a su oficina, sin saludar absolutamente a nadie. Toda su vida ha tenido el mal hábito de proyectar su enojo en el ámbito laboral dando un trato indigno a sus compañeros más cercanos.

Su secretaria, atemorizada, ingresa a la oficina para mostrarle los pendientes de la semana y sus reuniones más relevantes. Él, agobiado en su caos personal, le exige un cappuccino sin tan siquiera prestarle atención a sus palabras. Los demás colaboradores ya están acostumbrados a sus reacciones desmedidas. No obstante, siguen teniendo pánico de acercarse a conversar con él. Pedirle un permiso es similar a una tortura romana.

En esta gran empresa, la mayor prueba que atraviesan no son los problemas financieros, sino la presencia de una figura gerencial con un modo débil e inconsistente de relacionarse con los demás. Este gerente carece de una escucha activa, no tiene empatía, se aprovecha de sus colaboradores y, por lo general, cierra las puertas de su oficina para impedir que la gente entre. Se burla de los más inexperimentados y da pocas oportunidades cuando alguien falla. Aun así, sigue siendo la máxima autoridad en el negocio. Su conocimiento es sustancioso y sus habilidades para negociar con los clientes son notorias. Sin embargo, poder relacionarse con las demás personas, sobre todo con los más cercanos, es su debilidad más evidente. Sencillamente, su visión de vida no incluye las relaciones interpersonales como algo que agregue valor. No le importan las personas, solo sus ambiciones y proyectos personales. Es muy bueno laboralmente, pero pésimo humanamente.

El caso anterior demuestra la realidad de muchas personas hoy en día. Las habilidades sociales son el pincel que puede convertir una pintura desastrosa en una obra de arte. Lograr relacionarse con los demás, tomar en cuenta las emociones de otros y vivir para construir una sociedad más digna, es la marca personal de alguien con inteligencia emocional.

Quizás parezca una visión utópica de la vida. Vivir en función de la satisfacción ajena puede generar muchos esfuerzos fallidos. Sin embargo, las habilidades sociales buscan reunir actitudes, comportamientos y destrezas para ser una mejor persona, con suficientes "herramientas" para convivir en sociedad de la manera más provechosa.

Daniel Goleman menciona que las habilidades sociales "garantizan la eficacia en el trato con los demás y su falta conduce reiteradamente a la ineptitud social o al fracaso interpersonal".[1] Además, agrega que tener competencias sociales "permite relacionarnos con los demás, movilizarles, inspirarles, persuadirles, influirles y tranquilizarles…" Quienes se preocupan por tener mejores relaciones sociales siempre tendrán la oportunidad de tener nuevas experiencias desarrollando un pensamiento crítico y un pensamiento más equilibrado de la vida.

En la Biblia se señala, en reiteradas ocasiones, la importancia de tener relaciones humanas saludables como el fundamento para que puedan aflorar otras emociones (cf. Romanos 12:18). Buscar la mejora interpersonal es una demostración de madurez emocional, ya que nos demanda observar nuestra capacidad de relacionarnos incluso con las personas que no son de nuestro total agrado (cf. Mateo 5:44).

No todas las personas nacen socialmente desarrolladas. Hay personas con mucha más facilidad para escuchar o brindar un comentario asertivo. Otros, tendrán la virtud de esperar y no detonar su emoción de forma inmediata. Sin embargo, en el aprendizaje social sucede que observamos malos hábitos de relacionamiento como hablar sin escuchar las opiniones ajenas u ofender a otros cuando nos sentimos irrespetados. O, por ejemplo, utilizar el lenguaje soez como un mecanismo de defensa ante el desagrado o las malas experiencias que atravesamos diariamente. Aquí, es importante preguntarnos: ¿Cómo me relaciono con los demás? ¿Soy una persona sociable o evito constantemente la apertura en mis relaciones? ¿Soy leal, fiel y respetuoso? ¿Suelo comentar favorable o desfavorablemente sobre los demás? ¿Ofendo con frecuencia? ¿Apoyo a los demás? ¿Soy una persona colaboradora?

El tipo de relación que tengamos con las demás personas expresa el tipo de relación que tenemos con nosotros mismos y viceversa. Permitiremos a otros aquello que nos permitamos a nosotros mismos. Puede ser que mantengamos pensamientos de derrota sobre nuestras capacidades, y de esa misma manera, permitir que otros anulen nuestro esfuerzo a través de sus comentarios. Las malas relaciones aparecen cuando se carece de autocontrol y empatía.

En cada relación se intercambia un poco de nuestras emociones. Es decir, las emociones pueden llegar a ser contagiosas. Daniel Goleman menciona que la forma en que se perciben las emociones de otros puede catalogarse como "un virus social".[2] Por esa razón, los seres humanos buscamos personas con quienes nos agrada estar, ya que la retribución emocional es positiva: afecto, cariño, aprecio, etc. Asimismo, evitamos estar con personas que nos generan malestar emocional, aunque puede pasar que, ante la carencia de relaciones significativas, se acepten los malos tratos con tal de estar acompañados.

Un ejemplo de este contagio emocional se produjo en una investigación realizada en la Universidad de Uppsala por el investigador sueco Ulf Dimberg.[3] Se encontró que cuando las personas ven un rostro sonriente o enojado, la musculatura de su propio rostro tiende a experimentar una transformación sutil en el mismo sentido. Ver una reacción de enojo o alegría en el rostro de otras personas genera levemente un efecto espejo sobre nuestra propia cara.

Por el mismo fenómeno de la transferencia de nuestras emociones, ver una película, escuchar una pista musical, asistir a una obra de teatro o estar expuestos a alguna pieza artística puede provocar sentimientos distintos. ¿Se han quedado viendo un cielo estrellado? ¿Han visto la profundidad del mar cuando cae el sol? ¿Han escuchado a un niño de ocho años cantando tímidamente frente a un público que le aplaude? ¿Una película de la Segunda Guerra Mundial que muestra las penurias que enfrentaron los judíos en el Holocausto? ¿Una pintura con matices y tonos que realzan la belleza de un paisaje? Las emociones son la melodía de la vida, es lo que buscamos y evitamos constantemente. No buscamos personas, buscamos las emociones que nos provocan esas personas. No buscamos pasatiempos, buscamos satisfacción y tranquilidad. No buscamos posiciones de eminencia, buscamos sentimientos de realización.

En la misma línea, se determina si una persona se siente bien o mal en una determinada relación por las emociones que le sean transferidas. ¿Has pensado cuáles emociones generan las relaciones en las que te encuentras involucrado actualmente? ¿Experimentas tranquilidad, aceptación, motivación? ¿Sientes lo contrario?

10.2. Tipos de habilidades sociales

Según Goleman, existen cuatro habilidades fundamentales para desarrollar inteligencia interpersonal que son vitales para alcanzar el éxito social, el encanto e incluso el carisma.[4]

1. **Organización de grupos**
2. **Negociación de soluciones**
3. **Conexión personal**
4. **Análisis social**

Las habilidades sociales se van adquiriendo y desarrollando a lo largo de la vida y el proceso de crecimiento.[5]

Las primeras en aparecer son las ***habilidades sociales básicas.*** Algunas de estas son: saber iniciar un diálogo, escuchar activamente, saber preguntar, presentarse a uno mismo, agradecer, cumplir las promesas, validar y afirmar a los demás, mantener una conversación y ponerse en los zapatos de otros.

Sobre la base de las habilidades sociales básicas, se puede trabajar en segundo lugar en las ***habilidades sociales avanzadas.*** Por ejemplo, saber cuándo opinar, solicitar ayuda, tener convicciones claras, acatar órdenes, poder instruir a otros, participar activamente y pedir perdón intencionalmente.

En tercer lugar, están las ***habilidades sociales afectivas*** relacionadas directamente a la construcción de la inteligencia emocional. Bajo esta perspectiva la persona es capaz de identificar y conocer sus propias emociones y las de los otros. Además, puede expresar lo que siente. Tiene la habilidad de automotivarse o autogratificarse. Puede gestionar sus propios temores. Desarrolla la tarea de motivar a otros. Puede resolver momentos tensos, como el enfado de los demás. Consuela el dolor ajeno.

La cuarta categoría son las ***habilidades de negociación*** y están enfocadas en evitar el conflicto y la incomodidad. Nos permiten gestionar situaciones complejas en búsqueda de soluciones aplicables. No hay necesidad de utilizar la violencia para la resolución de conflictos. Por ejemplo: pedir permiso, compartir, ayudar a otros, autocontrolarse, tolerar y responder a las bromas, defender la dignidad, evitar los pleitos y aconsejar a otros pare evitarles problemas.

En quinto lugar, existen las ***habilidades para el afrontamiento del estrés.*** Algunas de las que se mencionan son: tolerancia a la frustración, saber perder, defender al débil, formular críticas constructivas, gestionar la vergüenza, tolerancia a ser ignorado, responder a un falso testimonio, persuasión, no ceder ante la presión del grupo, preparación para conversaciones difíciles.

Finalmente, las ***habilidades de planificación*** son también parte de las competencias de relacionamiento saludable. Algunas indicadas son: reconocer las propias debilidades y fortalezas, toma de decisiones, ir en pos de resultados, recolectar información, concentración en una tarea e identificar la raíz de los problemas.

10.3. Influencia social

La música que escuchamos, la ropa que vestimos, la comida que ingerimos, las películas y los canales que vemos y los libros que leemos son producto de un proceso de influencia social. Detrás de todo lo que hacemos se encuentran los esfuerzos de alguien más. Las ideas de otros plasmadas en los productos que consumimos.

Asimismo ocurre con la influencia social, entendida como el proceso psicológico en donde una persona intenta influir en los comportamientos y actitudes de otros. Para que haya influencia, tiene que haber persuasión, aceptación y obediencia por parte de la sociedad.

¿Qué es lo que convence a una parte de la población para elegir un candidato gubernamental? ¿Qué obliga a un país para seguir con un sistema opresivo? ¿Qué influye en la mente de las personas que ponen en práctica sus hábitos religiosos? ¿Por qué miles de personas se reúnen frente a auditorios, días antes, para ver a su figura favorita interpretando su música? ¿Cómo es posible que en cuestión de horas algunos deportistas vendan tantas camisas que podrían desaparecer el hambre en África? ¿Qué provoca que los jóvenes quieran los mismos cortes de pelo que sus cantantes favoritos? La respuesta es: **influencia**.

Es sumamente importante mencionar que en toda sociedad existen normas sociales, que pueden ser explícitas o implícitas. Por ejemplo, no es habitual ver a las personas caminando por las calles a la par de los vehículos, o sonar la bocina de un vehículo desmedidamente solo por placer. Tampoco es común ver a las personas bañándose en las fuentes de agua de una ciudad. Es normal que respetemos a los adultos mayores y protejamos a los niños. Reaccionamos intensamente si vemos a una persona delinquiendo en nuestra casa.

Hay una frase que practican los viajeros por el mundo: "donde fueres haz lo que vieres". Eso quiere decir que en cada contexto existen reglas y normas que podemos desconocer si no nos las comunican previamente. Imaginemos llegar a un país donde se come sin cubiertos y debemos comer con las manos. Posiblemente requerirá un tiempo de asimilación hasta que intentemos por primera vez llevarnos nuestra comida a la boca de una manera nunca practicada.

En algunas ocasiones, la influencia social aplasta la creatividad y la individualidad del ser humano. Quiere decir que, por seguir la corriente y seguir los modelos establecidos, las personas pueden poner en entredicho sus ideas y proyectos. Por ejemplo, un niño quiere estudiar en el exterior, pero toda su familia comenta recurrentemente que ningún miembro tiene la capacidad para salir a otro país. La influencia social puede ser positiva o negativa. En este caso, el niño puede llegar a pensar (por influencia verbal) que es una idea vaga querer estudiar fuera del país.

10.4. La importancia de las relaciones humanas

Cuando hablamos de las relaciones humanas podríamos pensar solamente en las personas que tenemos cerca. Sin embargo, cuando una persona trabaja sobre su área interpersonal tendrá la capacidad de mejorar sus relaciones de forma proporcionada. Es decir, tanto sus relaciones más estrechas como las más lejanas tendrán una mejora significativa. Las relaciones no cambian, cambia la persona que se relaciona.

¿Por qué es importante tener buenas relaciones? Se ha demostrado a lo largo de la historia que las personas más influyentes fueron aquellas que dejaron huella en el corazón de los demás. En el caso de Jesús, Él eligió intencionalmente a 12 personas de distinta procedencia para convivir durante 3 años y mostrarles su verdadera esencia como ser humano (cf. Lucas 6:12-19). Jesús pasó toda la noche en meditación y en oración porque se enfrentaba a una de las decisiones más trascendentales. ¿Quiénes propagarían su mensaje a lo largo y ancho de la tierra? ¿Quiénes serían los embajadores de su predicación?

Esta decisión posiblemente fue analizada mucho tiempo antes. Esa noche fue la consumación de un plan intencionado. Cualquiera de nosotros, posiblemente hubiese elegido un gabinete de alto rango, nombrando a los mejores hombres y mujeres de cada campo. Después de un proceso de reclutamiento, daríamos la oportunidad a los que nos hayan convencido. Sin lugar a duda, la traición no sería tolerable dentro de este equipo de trabajo. Quienes estén en ese grupo deberán ser leales y demostrar su fidelidad en todo momento.

Sin embargo, al ver los perfiles elegidos por Jesús se esfuman nuevamente los parámetros de nuestra lógica. Como mencionó John MacArthur, Jesús eligió a 12 hombres comunes y corrientes, con profesiones variadas, desdeñadas y menospreciadas por la cultura judía. Hombres rechazados, enajenados y con profesiones altamente criticadas. Había revolucionarios. Sus calificaciones no superarían las expectativas de ningún lector que lea esta historia sin conocer el final.[6] Cualquiera hubiera pensado que su falta de preparación sería la arena movediza que ahogaría el ministerio de aquel Jesús que los había elegido.

Con este contexto, podemos ver a Jesús trabajando continuamente en las relaciones sociales con sus discípulos. Un líder es un artesano de relaciones humanas. Es un artista de la escucha. Es un negociante de sus ideas sin dejar a un lado la opinión de otros. Es un eterno aprendiz y desea ver a los demás en un estado mejor que el propio. Incluso, Jesús hablaba constantemente de que sus discípulos serían mejores que Él mismo, haciendo cosas mayores que Él no había hecho aún. ¿Habrá algún mejor líder que aquel que promete a los suyos que serán más influyentes que el hombre que dividió la historia en dos? (cf. Juan 14:12).

10.5. Estilos de personalidad

Uno de los conceptos más complicados de medir es la personalidad, puesto que responde a factores internos y externos de la persona. Incluso, han existido pensamientos divididos sobre el temperamento y el carácter. Al hablar de temperamento, se refiere a la dimensión biológica y natural de la personalidad, influido por la herencia genética. Adicionalmente, se ha demostrado que la estructura del cerebro y las predisposiciones en el sistema nervioso pueden influir sustancialmente sobre la aparición de cuadros de ansiedad. O bien, la extroversión está altamente relacionada a la activación cortical del cerebro. Conforme entramos a la edad adulta, los pliegues en el cerebro aumentan.[7]

Otros descubrimientos demuestran que los altos niveles de nerviosismo, relacionados a trastornos mentales, se asocian a una reducción en el tamaño de los pliegues en algunas regiones corticales.

Por otro lado, el carácter es el componente aprendido de la personalidad. Se va forjando a lo largo de la vida en función de las experiencias que vivimos. Aparte de ser el resultado de una interacción social, toma en cuenta la cultura en la que se desenvuelve. Por ejemplo, quizás un costarricense se muestre extrañado al ver un argentino besando a otro hombre en la mejilla. Las tradiciones culturales tienen un impacto significativo en la modulación de nuestra forma de convivir en sociedad.

A partir del estudio del temperamento y el carácter, se definió la personalidad como la suma de ambas: los factores genéticos y ambientales. La personalidad engloba todo lo que somos, sentimos y pensamos. De hecho, a lo largo de la vida se atraviesan cinco etapas en las cuales la personalidad se va transformando de acuerdo con las capacidades que la persona va desarrollando. Esas fases son: ***los primeros momentos, infancia, pubertad y adolescencia, adultez y ancianidad.*** Es importante destacar que la personalidad va teniendo cambios con el paso del tiempo como producto de las experiencias, compromisos, responsabilidades, relaciones, etc.

¿Por qué es importante tomar en consideración las personalidades para desarrollar habilidades sociales? Como parte de este proceso de maduración de nuestra experiencia de fe y de la inteligencia emocional, uno de los pilares fundamentales es la **autoconsciencia**, definida como el nivel de introspección que una persona posee sobre sí misma: virtudes, valores, principios, experiencias, comportamientos, debilidades, etc. Dicho de otra manera, es el grado de conocimiento sobre sí misma que tiene una persona al tomar en consideración tanto su identidad como su personalidad.

Para facilitar el panorama de las personalidades se toma en cuenta el aporte realizado por Katherine Cook Briggs y su hija Isabel Briggs Myers en la prueba de personalidad llamada indicador de Myers-Briggs (MBTI). Esta prueba fue desarrollada durante la Segunda Guerra Mundial.[8]

Estas autoras hablan de 16 tipos de personalidad, mostradas a continuación:

ISTJ	**ISFJ**	**INFJ**	**INTJ**
Hacer lo que hay que hacer • Organizador • Meticuloso • Exclusivo • Confiable • Reglas y regulaciones • Práctico **EL MÁS RESPONSABLE**	Gran sentido del deber • Amable • Pacífico • Atención al detalle • Aporta estabilidad • Trabaja tras los bastidores • Prefiere hacer **EL MÁS LEAL**	Inspira a los demás • Meditativo • Introspectivo • Se preocupa por los demás • Convicciones firmes • Perseverante • Creativo **EL MÁS OBSERVADOR**	Busca la mejora continua • Basado en datos • Original / Escéptico • Crítico • Hace las cosas a su estilo • Le importa la competencia **EL MÁS INDEPENDIENTE**
ISTP	**ISFP**	**INFP**	**INTP**
Prueba las cosas una vez • Muy observador • Tranquilo • Reservado y distante • Práctico y concreto • Poco pretencioso • Preparado al futuro **EL MÁS PRÁCTICO**	Acciones más que palabras • Cálido y empático • Modesto • No busca el liderazgo • Planifica a corto plazo • Buen integrante • Goza del aquí y ahora **EL MÁS ARTÍSTICO**	Interesado en ayudar a otros • Entusiasta y enérgico • Le gusta aprender • Valores muy fuertes • Busca el equilibrio • Reservado y creativo • Original **EL MÁS SOÑADOR**	Busca solucionar problemas • Mente lógica y analítica • Reta a otros a pensar • Más interesado en ideas que en aspectos personales **EL MÁS LÓGICO**

ESTP	**ESFP**	**ENFP**	**ENTP**
Resuelve problemas concretos • Directo y poco tradicional • Divertido y gregario • Vive el presente • No le gustan largas explicaciones **EL MÁS ESPONTÁNEO**	Solo se vive una vez • Sociable y abierto • Espontáneo y concilia • Le gustan las sorpresas • Disfruta la vida y maneja múltiples proyectos **EL MÁS DADIVOSO**	Le saca el jugo a la vida • Orientado a la gente • Creativo e ingenioso • Es armónico y capaz en lo que le interesa • Enérgico • Más comienzos que finales **EL MÁS OPTIMISTA**	Busca retos emocionantes • Entusiasta • Nuevas ideas y tendencias • Le gustan los problemas difíciles • Visionario y prueba límites **EL MÁS INGENIOSO**
ESTJ	**ESFJ**	**ENFJ**	**ENTJ**
Administradores innatos • Ordenados y estructurados • Sociable y perserverante • Orientado al resultado • Le gusta dirigir y organizar **EL MÁS DETERMINADO**	Excelentes anfitriones • Grandes habilidades interpersonales • Colaborador y cortés • Considerados • Deseo de agradar • Popular • Correctos y quieren dar buena impresión **EL MÁS EXTROVERTIDO**	Sabe convencer • Carismáticos y compasivos • Ignora lo desagrable • Es un poco idealista • Busca posibilidades para que otros crezcan • Le gusta sobresalir **EL MÁS PERSUASIVO**	Los líderes naturales • Visionarios • Gregario • Argumentativo y crítico. • Toma las riendas • Baja tolerancia a la incapacidad • Planificador **EL MÁS IMPONENTE**

No obstante, hoy en día existen varias herramientas para medir el conocimiento sobre la personalidad. No todas las respuestas son cien por ciento certeras y ajustadas a la realidad. En algunas ocasiones, los perfiles distan en algunos valores específicos. Lo que debemos tomar en cuenta es que conocer la personalidad propia y la de los demás nos abre un abanico de opciones para mejorar las relaciones humanas. Conocer a las demás personas es una tarea que lejos de exponernos o debilitarnos, nos permite tener más inteligencia emocional, ser más audaces y capaces en nuestras relaciones. No hay nada mejor que acercarse a una persona con calidad humana, que pueda aceptar a los demás sin distinción. Aunque nuestras creencias o valores no coincidan con el resto, las personas con inteligencia relacional tienen la capacidad de priorizar la parte humana por encima de las creencias personales. ¿Cuándo fue la última vez que te sentaste a hablar con una persona que tiene creencias completamente opuestas a las tuyas? ¿Nos interesa convencer o amar? (*ver libro: Diálogo amistoso entre un ateo chino y cristiano argentino*[9]*).*

El salmista entendió que todos los seres humanos somos únicos, irrepetibles y originales. De hecho, mencionó que somos maravillosamente complejos y que fuimos diseñados exclusivamente por nuestro Creador (cf. Salmo 139). Nuestro temperamento quizás no pueda ser cambiado, pero nuestro carácter definitivamente sí. Tarde o temprano, los cambios que realicemos en nuestra vida cotidiana terminarán conduciendo nuestra personalidad hacia una mejor versión de sí misma. No podemos cambiar aquellas condiciones innatas, pero sí las conductas aprendidas.

Aplicación #10

1- En tu opinión, ¿cómo defines las habilidades sociales?

____

____

____

2- En tu opinión, ¿qué permite que una persona desarrolle habilidades sociales?

____

____

____

3- Comenta una situación en donde has reconocido falta de habilidades sociales.

____

____

____

4- Propón una estrategia para contagiarles tus emociones a personas cercanas.

____

____

____

5- De las habilidades sociales básicas, menciona una que quisieras trabajar de forma puntual.

____

____

6- De las habilidades sociales avanzadas, menciona una que quisieras trabajar de forma puntual.

7- De las habilidades sociales afectivas, menciona una que quisieras trabajar de forma puntual.

8- De las habilidades sociales de negociación, menciona una que quisieras trabajar de forma puntual.

9- De las habilidades sociales para afrontar el estrés, menciona una que quisieras trabajar de forma puntual.

10- De las habilidades sociales de planificación, menciona una que quisieras trabajar de forma puntual.

---

11. ¿Cómo puedes aplicar la influencia social en tu vida?

___

___

___

12. ¿Por qué es importante tener buenas relaciones?

___

___

___

13. Completa la prueba en la siguiente dirección: www.16personalities.com/es

___

___

___

14. Por favor, escribe tu reflexión sobre el capítulo 10.

___

___

___

Capítulo 11

SENTIDO DE VIDA

11.1 ¿Cuál es el propósito de mi vida?

> *"En realidad no importa que no esperemos nada de la vida, sino que la vida espere algo de nosotros".*[1]
>
> — Victor Frankl

En la vida de los seres humanos hay días clave que determinan el curso de nuevas etapas y experiencias. Por ejemplo, el día del nacimiento, el día de la muerte, el día en que asumimos el compromiso de pasar el resto de la vida con otra persona, el día en que hacemos la transición de la adolescencia a la adultez o cuando nos despedimos de la casa de nuestros padres. Asimismo, a lo largo de la vida se van presentando eventos específicos que nos llevan a replantear lo que deseamos y anhelamos.

Comúnmente, hemos escuchado en innumerables ocasiones la frase: "Dios tiene un maravilloso plan para tu vida", una verdad infalible porque definitivamente sus planes son de bien para nuestra vida y exceden cualquiera de nuestras expectativas, (cf. Jeremías 29:11). De la misma manera, el salmista reconoce que Dios cumplirá su propósito en nosotros (cf. Salmo 138:8). Sin embargo, debemos entender que un plan trazado para nuestra vida no significa que todas las circunstancias se van alineando de acuerdo con nuestras preferencias y deseos. Muchos deseos, si se convirtieran en realidad, podrían alejarnos de lo que nos conviene.

Por otro lado, los seres humanos tenemos la limitante de poder observar y vivir solamente una pequeña partícula del tiempo llamada: presente. Del pasado simplemente tenemos recuerdos y del futuro tenemos ideas preconcebidas, mas no tenemos la fotografía completa del plan de nuestra vida. Por esa razón, atravesamos por situaciones que parecen no encajar dentro de nuestro propósito, o nos preguntamos constantemente: ¿Por qué ocurren las cosas? ¿Acaso Abraham tenía la fotografía completa del pueblo de Israel saliendo de Egipto muchos años después de su muerte? ¿Qué conexión podía tener el rey David con el nacimiento de Jesús siglos después? ¿Acaso nuestros abuelos se imaginaron el tamaño de su descendencia? ¿Qué pasaría por nuestra mente si supiéramos que de nuestro linaje nacerá el próximo presidente de nuestra nación? ¿Qué sucedería si nos diéramos cuenta de lo que está por acontecer en dos meses, dos años o dos décadas? Solamente podemos ver una parte diminuta de toda la existencia, y lo cierto de todo es que nos acercamos cada día más al diseño perfecto elaborado personalmente por el Arquitecto de las galaxias.

Regresando al tema de los días importantes que experimentamos como personas, sin lugar a duda, uno de los que representa mayor relevancia y trascendencia es aquel en el que nos damos cuenta para qué estamos en la tierra y por qué existimos. Una verdad que he aprendido es que los propósitos de vida no necesariamente se conocen a un 100 por ciento, sino que se van construyendo de acuerdo con una **visión, una intención y una tendencia.**

En primer lugar, la **visión** tiene que ver con la capacidad de visualizar el futuro en dónde estaremos con el paso del tiempo. ¿Cuáles serán esas actividades que nos gustaría realizar? ¿Dónde queremos estar en cinco años? ¿Qué queremos alcanzar dentro de 15 años? Muchas de las generaciones no necesariamente están perdidas en la falta de propósito, sino en la falta de visión. Cuando se carece de visión, nos permitimos ser flexibles en el presente.

Cuando no sabemos qué es lo que queremos en el futuro, rompemos fácilmente nuestros límites personales y dejamos a un lado la disciplina para movilizarnos hacia ese plan. Una persona que desea sobresalir en su carrera profesional y visualiza ser exitoso en su campo, no se permitirá a sí mismo ir al mismo ritmo de otros profesionales conformistas. Deberá actualizarse, estudiar y llevar un estilo de vida de mayor compromiso. Los grandes éxitos no se consiguen de esfuerzos intermedios o buenos solamente, se consiguen después de superar los esfuerzos mínimos.

La visión nos permite ser radicales, ordenados y disciplinados en lo que deseamos. Una persona que desea ser politólogo deberá conocer las leyes. Quien desee ser médico, deberá estudiar detalladamente la anatomía del cuerpo humano. Quien desee ser astronauta, deberá conocer los principios de la física a un nivel de mayor profundidad. Quien anhele convertirse en un buen padre o madre, deberá desarrollar habilidades para poderlo concretar. Quien desee tener una familia funcional, deberá tomar buenas decisiones en su fase previa de preparación. Repito, las generaciones no carecen de propósito, carecen de visión.

En segundo lugar, la **intención** tiene que ver con la capacidad que tenemos para permanecer en nuestros esfuerzos con el paso del tiempo. Los resultados no vienen de la noche a la mañana, sino de la perseverancia y la disciplina. La visión y la intención combinadas nos permiten permanecer y sostenernos independientemente de las circunstancias que atravesemos. La intención es esa fuerza motora que nos conduce por las aguas de la vida hasta concretar nuestro propósito de vida (cf. Juan 10:18). En términos de la fe, podríamos hablar de que poseemos un espíritu de amor, ***poder*** y dominio propio (cf. 2 Timoteo 1:7). El poder significa que poseemos la capacidad para caminar hacia el cumplimiento de la visión. La intención es totalmente personal, nadie más la puede impartir por arte de magia, debe ser desarrollada a través de un proceso que implica carácter y sacrificio.

En tercer lugar, la **tendencia** es la característica individual que poseemos como seres humanos y que nos permite realizar tareas con más facilidad o más dificultad. La tendencia es nuestra personalidad, dones y talentos (cf. Mateo 25:14-30). Es aquello con lo que venimos originalmente y lo que desarrollamos a lo largo de la vida. El encanto por un instrumento musical. El deseo por ayudar a otros. El instinto de proteger a los que están en condiciones desfavorables. La motivación por trabajar con niños. El anhelo por estar frente a mucha gente compartiendo un mensaje. El sueño de tener un negocio propio. La tendencia por enseñar a otros. Es precisamente cuando identificamos *"para qué somos buenos"*.

El propósito de los 12 apóstoles fue preconcebido por Dios desde antes de la fundación del mundo. Incluso, se menciona que en el tiempo postrero cada uno de ellos tendrá su trono en los cielos (cf. Mateo 19:28). Los apóstoles no tuvieron que conocer su propósito exactamente para seguir a Jesús, de lo contrario posiblemente ninguno lo habría hecho. Tanto así, que Jesús en reiteradas ocasiones reforzaba su visión sobre ellos y la forma en la que los visualizaba. Un liderazgo exitoso tiene la capacidad de visualizar a sus seguidores en función de su propósito y no solamente en función de su realidad (cf. Mateo 4:19). Al final de los días, los discípulos murieron de diferentes formas, casi todos como mártires a excepción de Juan que falleció en la Isla de Patmos, luego de haber escrito el Apocalipsis. Los historiadores registran que cada uno de los discípulos acabó su vida propagando el mensaje que en algún momento les había cautivado. La historia de los apóstoles nos muestra que una persona no necesariamente tiene que conocer su propósito nítidamente para comenzar a caminar en él. Es más importante estar conscientes de que hay un propósito al final de todo que mortificarnos porque aún no conocemos sus detalles.

Asimismo, el propósito de cada uno de nosotros fue trazado desde antes de que todas las cosas fueran creadas, cuando solamente Dios -era- y las cosas aún no habían sido materializadas (cf. Salmo 139:16). Fue a través de las palabras de Dios que todo comenzó a ser y a existir (cf. Hebreos 11:3). De acuerdo al Salmo 139:16, las bibliotecas celestiales guardan registros del curso de nuestra vida:

el día de nuestro nacimiento, el día de nuestra muerte, el día en que sentiríamos dolor por una pérdida, el día en que celebraríamos la vida de un hijo o de un nieto, el día en que conoceríamos al amor de nuestra vida, el día en que ganaríamos una beca, el día en que seríamos seleccionados como estudiantes de honor o bien, el día en que iniciáramos una experiencia con Dios. Todos los acontecimientos están recopilados en los libros del cielo.

Si bien es cierto, una de las situaciones más atroces que afrontamos como seres humanos es la inconsciencia de un propósito de vida. Es decir, creer que no tenemos un rumbo ni una dirección específica, considerar que la vida simplemente es un camino sin ningún desenlace. Esa es tristemente la visión de muchas personas que atraviesan cuadros depresivos o estados profundos de desesperanza. Uno de los síntomas más comunes de la depresión es la falta de un sentido de vida. En otras palabras, *la extraña sensación de que nada puede cambiar y todo seguirá siendo igual para siempre.*

11.2. El rompecabezas del cielo

> *"Nosotros no inventamos el sentido de nuestra vida, nosotros lo descubrimos".*[2]
>
> — Victor Frankl

Transcurría el año 2008 cuándo en medio del avance tecnológico y la aparición de nuevas modas, se encontraba un joven con fuertes deseos de impresionar a los demás y ser popular en su generación. Tenía un serio problema con la adicción a la aprobación. Buscaba incansablemente tener un estatus de reconocimiento delante de sus amigos más cercanos. Lo cierto es que su apariencia de fortaleza era solamente una señal de debilidad interna.

En lo más íntimo de su ser, soñaba con seguir el ejemplo de sus padres y llevar una vida ordenada con valores y convicciones claras. Sus padres tenían un matrimonio de más de 25 años y se habían dedicado a lo largo de su vida a enseñarle cómo ser una persona de fe, con carácter y sentido de responsabilidad. Las enseñanzas que ellos habían impartido moldearon significativamente el pensamiento de este joven.

Siempre fue un joven soñador. De niño, utilizaba su imaginación para visualizarse como el futuro presidente de su país. Las personas más cercanas veían en él un gran potencial para destacarse como alguien de influencia. Era un niño como todos los demás, pero en su interior crecía una pasión que él mismo no podía entender. En muchas ocasiones, este deseo de aprender y conocer más fue confundido con hiperactividad.

Al inicio de su adolescencia, el auge de la droga y el sexo en línea tomaron ventaja en su estilo de vida. Durante los tres primeros años de colegio, se dedicó a conocer ambientes que posteriormente lo llevarían a tener un gran vacío existencial. En lugar de ganar sentido, perdía progresivamente el rumbo del propósito que algún día latía en su pecho. Criado en un hogar con fuertes bases espirituales, inició un camino al agnosticismo, menospreciando todo aquello que tuviera alguna relación con Dios. Refutaba la fe y estudiaba argumentos científicos para desaprobar la existencia de algún ser superior. Lo cierto es que detrás de su *"investigación científica"* había un gran resentimiento contra sí mismo y contra los demás.

Pasaron algunos años y este joven tenía una lucha constante contra sí mismo. Entre más pasaba el tiempo, más ignoraba su propia voz, sus convicciones y las enseñanzas que algún día se habían grabado en su pecho. No las podía sacar de su cabeza. Inconscientemente, seguía un camino que lo alejaba de quién realmente quería ser. Iba perdiendo su esencia por llevar un estilo de vida que agradaba al resto, pero minaba su futuro y socavaba sus sueños.

Un día, este joven se levantó para ir al colegio siguiendo su rutina de todos los días. A las pocas horas de haber llegado, dentro de sí comenzó a surgir una inquietud que nunca había experimentado. En algún momento, pensó que se estaba volviendo loco o a punto de sufrir un ataque al corazón. El profesor pidió que se formaran en grupos para realizar una actividad. Sin embargo, la incomodidad permanecía. Al voltear la mirada, se quedó perplejo al ver lo que había frente a sus ojos.

Eran cinco compañeras del grupo. Ellas se reían y parecía que algo les divertía. No las podía dejar de ver, aunque las veía todos los días. Ese día, había algo distinto. Sus rostros emanaban un propósito de vida. Sin expresarlo con palabras, estas cinco jóvenes reflejaban un gozo interno. Era como si la vida de las cinco estuviera en las manos de Alguien. Tenían aroma a confianza. Inmediatamente el joven se acercó y no pudo evitar preguntarles: ¿Qué pasa con ustedes? ¿Qué tienen hoy que las hace ver distintas? ¿Pasó algo en especial?

Con los ojos brillantes y casi al borde de las lágrimas, una de ellas contestó: *"Déjame explicarte bien lo que estás viendo en nosotras, en el receso te invitamos al templo"*. El templo estaba al lado del colegio, ya que el centro educativo formaba parte de una iglesia. Sin pensarlo, al sonar el timbre el joven se dirigió corriendo al templo. Cuando ingresó, vio a sus cinco compañeras esperándolo con una sonrisa en el rostro. Parecía un espectáculo de nado sincronizado. Ellas estaban unidas, algo parecía armonizarlas.

Se acercaron a la tarima de la iglesia e hicieron un círculo. Le pidieron a este joven que se colocara en el centro. Nervioso y con cierto temor accedió. En sus posiciones, las cinco comenzaron a orar y a hacer algo que este joven hace mucho no veía. Personas interesadas por reconectar a otros con su propósito. El propósito que originalmente había sido diseñado. Cuando terminaron de orar, una de ellas levantó un poco la voz y mencionó: *"Habíamos esperado mucho este tiempo, Daniel Retana, hemos orado por meses para que Dios te atrajera nuevamente hacia Él. Sabemos que aquí comienza un gran camino. Estamos seguras de que pronto te encontrarás con Dios, y después de eso, nada te podrá separar de tu propósito y tu sentido de vida"*.

Fue un balde de agua fría para mí. No me lo esperaba. En la mañana, me había levantado pensando que sería un día más. Que nada se saldría de lo normal. Mi interior se llenaba nuevamente de vida. Era la primavera llegando al invierno de mi corazón. Era el soplo de Dios en medio del vacío. Era la voz de Aslan en las Crónicas de Narnia creando la vida. No lo podía creer.

Cinco personas habían dedicado de su tiempo y habían sido parte del rompecabezas del cielo para unirme nuevamente al diseño original. Al tiempo, tuve mi encuentro personal con Dios y luego de eso mi corazón ardió fuertemente por servirle. Aunque quise muchas veces desistir, nada me detuvo de ese deseo que de niño siempre tuve. Reconectar a otros con su propósito e impactarlos de alguna forma. De ser un puente para que otros se encontraran con el Autor de sus vidas.

Esta historia ejemplifica claramente cómo las piezas del rompecabezas del cielo se unen hasta completar una imagen perfecta. Así como mi historia, existen muchas otras que comprueban que la voluntad del cielo es definitiva e imparable. Cuando Dios dispone dar a conocer sus propósitos, no hay absolutamente nada que lo pueda detener.

No obstante, existe el temor de suponer que nuestros propósitos pueden ser completamente opuestos a los designados por Dios. ¿Cómo estar seguros de que la dirección que llevamos en la vida nos acerca a nuestro propósito original? ¿Cómo impedir que nos distanciemos completamente de su plan? Este es un temor recurrente entre las personas que sostienen una experiencia de fe.

La mejor herramienta para comprobar que los designios divinos y los nuestros tienen coherencia es emplear la confianza en una fuente segura. Así como cuando vamos a depositar nuestro dinero en un banco en particular. Seguramente no estaríamos dispuestos a poner ese dinero en cualquier banco si dudamos de su reputación. Todo depende de la confiabilidad y la seguridad que nos genere el banco para que nuestros bienes sean custodiados.

La confianza es la habilidad que desarrollan los seres humanos para depositar sus temores o necesidades en alguien o en algo más. La confianza no depende de la seguridad de la fuente, sino de la relación que se mantenga entre ambas partes. En otras palabras, la confianza no depende si Dios es un ser seguro o no, sino de la relación que tenemos con Él. El conocimiento personal de Dios suma más que el conocimiento teórico de lo que entendemos por Dios.

11.3 Resiliencia

¿Cómo es capaz alguien de reír después de haber perdido a su padre en un accidente de tránsito? ¿Cómo puede alguien animarse a casarse por segunda vez una vez cuando ha tenido un primer matrimonio catastrófico? ¿Cómo puede una persona volver a confiar en Dios cuando ha creído toda su vida que sus calamidades provienen de Él? ¿Cómo puede alguien conciliar el sueño sabiendo que su hijo yace en las calles, mendigando comida para sobrevivir? ¿Cómo puede alguien levantarse otro día sabiendo que prontamente sus pertenencias serán embargadas por el banco ante las deudas de sus tarjetas de crédito? ¿Cómo puede alguien dar un abrazo cuando nunca en su vida ha sido objeto de afecto? ¿Cómo puede una persona dar un beso nuevamente cuando su corazón ha sido traicionado por el desamor?

Estas preguntas surgen de una situación que sufrimos todos los seres humanos independientemente de nuestra condición: la crisis y el dolor. No hay absolutamente nadie que pueda esquivar la crisis o la prueba. Día a día enfrentamos momentos que buscan drenar nuestra energía. Circunstancias que intentan desanimarnos. Golpes de la vida inesperados que tratan de desestabilizar nuestro sentido.

Nadie puede evitar el dolor, pero sí las circunstancias del dolor. La resiliencia es precisamente la capacidad que tienen los seres humanos para sobreponerse al sufrimiento, asumiendo una actitud de responsabilidad frente a las consecuencias de la adversidad. Imaginemos a una madre que funda una asociación en pro de las víctimas de la trata de personas, luego de que su hija fuera prostituida por un proxeneta en el exterior. O bien, un padre de familia que asume la carga de su hogar junto con sus tres hijos, luego de que su esposa falleciera de un cáncer de mama. La resiliencia nos permite gozarnos en medio de la crisis. Es el arte de sonreír en medio del diluvio, de nadar en medio de la lluvia y reír cuándo todo está al borde de la desesperanza. Gordon Allport mencionó que "El neurótico que aprende a reírse de sí mismo puede estar en camino de gobernarse a sí mismo, tal vez de curarse".[3]

Victor Frankl dijo: "El valor no reside en el sufrimiento en sí, sino en la actitud frente al sufrimiento, en nuestra actitud para soportar ese sufrimiento".[4] De esa forma podemos decir que el sufrimiento deja de ser sufrimiento cuando encontramos un sentido. Podemos preguntarle a un padre de familia, a pesar de las horas extras que trabajó durante todo el año, qué siente al ver a su hijo abrir un regalo de Navidad por primera vez. El sufrimiento se opaca cuando hay un sentido de vida.

Tarea #11

1- En tu opinión, ¿cómo defines el sentido de vida?

____

____

____

2- ¿Cuál es tu visión a cinco años?

____

____

3- ¿Cuál es tu visión a diez años?

____

____

4- ¿Cuál es tu visión a veinte años?

____

____

5- ¿En qué áreas de tu vida podrías identificar la intención que hay en tu propósito?

____

____

6- Menciona tres aspectos en tu vida en los que puedas identificar tu tendencia.

____

____

7- En el siguiente espacio, relata tu historia de vida a modo de novela, como si fuera a ser publicada a muchos lectores.

8- ¿Has tenido momentos de despropósito en tu vida? Si es así, escríbelos abajo.

9- ¿Cómo podrías describir la resiliencia?

____

____

____

10- ¿Tienes identificado tu sentido de vida? ¿Cómo podrías describirlo?

____

____

____

12. ¿Qué actividades vas a realizar para encaminarte a descubrir o construir tu propósito de vida?

____

____

____

13. Por favor, escribe tu reflexión sobre el capítulo 11.

____

____

____

REFERENCIAS BIBLIOGRÁFICAS

Amen, D, (2011). *Cambia tu cerebro, cambia tu vida (3ª ed)*. Editorial Sirio.

Beck, A. & Sacco, W. (1995) Teoría y terapia cognitiva. *Handbook of Depression*. 2 (6), 329-351.

Brown, J. & Fenske, M. (2010). *El cerebro del triunfador*. Editorial Océano.

Chapman, G. (2011). *Los 5 lenguajes del amor*. Editorial Unilit.

Colbert, D. (2006). *Emociones que matan*. Grupo Nelson.

Cury, A. (2008). *El Maestro de maestros*. Grupo Nelson.

Cury, A. (2008). *El Maestro de las emociones*. Grupo Nelson.

Cury, A. (2009). *El Maestro de la vida*. Grupo Nelson.

Cury, A. (2009). *El Maestro del amor*. Grupo Nelson.

Cury, A. (2010). *El Maestro inolvidable*. Grupo Nelson.

David, S. (2018). *Agilidad emocional*. Editorial Sirio.

Edwards, W., Gabel, W. & Hosmer. F. (1986). On the Physical Death of Jesus Christ. *JAMA*. 255(11), 1455–1463.

Eurich, T. (2018). What self-awareness really is (and how to cultivate it). *Harvard Business Review* [archivo de html]. Recuperado el 23 de julio de 2018 de: https://hbr.org/2018/01/what-self-awareness-really-is-and-how-to-cultivate-it#comment-section

Fernández, P. & Extremera, N. (2005). La inteligencia emocional y la educación de las emociones desde el modelo de Mayer y Salovey. *Revista Universitaria de Formación de Profesorado: Universidad de Málaga*. 19 (3), 63-93.

Figueroa, A. (2018) Diferencias entre personalidad, temperamento y carácter [archivo html]. Recuperado el 23 de julio de 2018 de: https://psicologiaymente.com/personalidad/personalidad-temperamento-caracter-diferencias

Frankl, V. (1995). *La presencia ignorada de Dios: Psicoterapia y religión (9ª ed.)*. Editorial Herder.

Frankl, V. (2004). *El hombre en busca de sentido (2ª ed.)*. Editorial Herder.

Goleman, D. (1985). *Inteligencia emocional*. Editorial Kairós.

Hatfield, E. & Rapson, R. (1987). Passionate love/sexual desire: Can the same paradigm explain both? *Archives of Sexual Behavior*. 16 (3), 259-278.

Lattus, J. (2009) Conócete a ti mismo como base fundamental de la formación humana. *Revista Obstetricia y Ginecología*. 4 (2), 163-172.

Lee, J. A. (1973). *The Colors of Love*. New Press.

Liandon, R. (2005). *Los generales de Dios II*. Editorial Peniel.

MacArthur, J. (2004). *Doce hombres comunes y corrientes*. Grupo Nelson.

Organización Mundial de la Salud (1948). *Constitución de la Organización Mundial de la Salud* [archivo PDF]. Recuperado el 23 de julio del 2018 de: http://www.who.int/governance/eb/who_ constitution _sp.pdf

Palau, L. & , Qizheng, Z. (2008) *Discurso amistoso entre un ateo chino y un cristiano argentino*. Editorial Vida.

Piliavin,1. M., Rodin, J. & Piliavin, J. A. (1969). Good Samaritanism: An underground phenomenon? *Journal of Personality and Social Psychology*, 13. 289-299.

Retana, D. (2017). *Aproximación a la experiencia religiosa en personas evangélicas desde el enfoque de la calidad de vida relacionada con salud: abordaje fenomenológico (tesis de licenciatura).* San José: Universidad Católica de Costa Rica.

Riso, W. (2008) *¿Amar o depender?* Zenith.

Riso, W. (2015) *Ama y no sufras.* Zenith.

Robbins, T. (2015) *Despertando al gigante interior.* Penguin Random House Grupo Editorial, S.A.

Rovira, I. (2018). Los 6 tipos de habilidades sociales, y para qué sirven [archivo html]. Recuperado el 23 de julio del 2018 de: https://psicologiaymente.com/psicologia/tipos-de-habilidades-sociales

Rozo, J. (2007). El problema de la conciencia. El aporte de una visión estratégica en el siglo XX. *Avances en Psicología Latinoaméricana.* 25 (2), 163-178.

Scazzero, P & Bird, W. (2005). *Una iglesia emocionalmente sana.* Editorial Vida.

Sigman, M. (2017). *La vida secreta de la mente.* Editorial Debate.

Tracy, B. (2005). Psicología de las ventas. Grupo Nelson.

Torres, A. (2018). Los 16 tipos de personalidad (y sus características) [archivo html]. Recuperado el 23 de julio del 2018 de: https://psicologiaymente.com/personalidad/tipos-de-personalidad

Notas

Capítulo 1

1. Real Academia Española, *Diccionario de la lengua española*, 2018, consultado el 13 de mayo del 2019, https://dle.rae.es/?id=EjXP0mU
2. Augusto Cury, *El Maestro de las emociones* (Grupo Nelson, 2008), 8.
3. Diario La Nación, "10% de la población vive con ansiedad o depresión", 2016, consultado el 10 de mayo del 2018, https://www.nacion.com/ciencia/salud/10-de-la-poblacion-vive-con ansiedad-o-depresion/BT7V2JN7CZGAPIWZP5XCGXGZO4/story/
4. Organización Mundial de la Salud, "Constitución de la Organización Mundial de la Salud", 2006, consultado el 15 de mayo del 2018, https://www.who.int/governance/eb/who_constitution_sp.pdf

Capítulo 2

1. Daniel Retana, "Aproximación a la experiencia religiosa en personas evangélicas desde el enfoque de la Calidad de Vida Relacionada con Salud" (CVRS): abordaje fenomenológico (tesis de licenciatura). (San José: Universidad Católica de Costa Rica, 2017).
2. Augusto Cury, Ansiedad: *Cómo enfrentar el mal del siglo* (Editorial Océano), 18.
3. Daniel Goleman, *Inteligencia emocional* (Editorial Kairós, 1985), 35.
4. Pablo Fernández-Berrocal con Natalio Extremera citando a John Mayer & Peter Salovay, "La Inteligencia Emocional y el estudio de la felicidad", 2009, consultado el 9 de abril del 2018, http://emotional.intelligence.uma.es/documentos/PDF35estudio_felicidad.pdf
5. Daniel Goleman, *Inteligencia emocional* (Editorial Kairós, 1985), 9.
6. William Edwards con Wesley Gabel, "On the physical death of Jesus Christ", 1986, consultado el 20 de mayo del 2018, https://www.godandscience.org/apologetics/deathjesus.pdf (Traducción libre por D. Retana)
7. Danah Zohar e Ian Marshall, *Inteligencia espiritual: La inteligencia que permite ser creativo, tener valores y fe* (Plaza & Janés Editores, S.A.), 268.

Capítulo 3

1. Daniel Goleman, *Inteligencia emocional* (Editorial Kairós, 1985), 54.
2. Tasha Eurich, "What Self-Awareness Really Is (and How to Cultivate It), Harvard Business Review, consultado el 18 de abril del 2018, https://hbr.org/2018/01/what-self-awareness-really-is-and-how-to-cultivate-it

3. J.A. Marina, Los hábitos, clave del aprendizaje, consultado el 25 de abril del 2018, https://www.pediatriaintegral.es/wp-content/uploads/2012/xvi08/08/662%20Brujula%208.pdf
4. Daniel Goleman, *Inteligencia emocional* (Editorial Kairós, 1985), 48.

Capítulo 4

1. Walter Riso, Terapia Cognitiva: Fundamentos teóricos y conceptualización del caso clínico (Editorial Norma, 2006), 65.
2. Susan David, *Agilidad emocional* (Editorial Sirio, 2016), 15.
3. Susan David, *Agilidad emocional* (Editorial Sirio, 2016), 19.

Capítulo 5

1. Daniel Goleman, *Inteligencia emocional* (Editorial Kairós, 1985), 44.
2. Daniel Goleman, *Inteligencia emocional* (Editorial Kairós, 1985), 55.
3. Augusto Cury, *El Maestro de las emociones* (Grupo Nelson, 2008), 52.
4. Ídem
5. Don Colbert, *Emociones que matan* (Grupo Nelson, 2006), 18.
6. Susan David, Emotional Agility (Avery, 2016), 4. Traducción libre por Daniel Retana.

Capítulo 6

1. Tony Robbins, *Despertando al gigante interior* (Penguin Random House Grupo Editorial)
2. Don Colbert, *Emociones que matan* (Grupo Nelson, 2006), 20.

Capítulo 7

1. Jeff Brown con Mark Fenske, *El cerebro del triunfador* (Editorial Océano, 2010), 84.
2. Rynna Ollivier, Gratitude: How It Improves Your Life and Changes Your Brain, 2017, consultado el 25 de junio del 2018, https://latterdaysaintmag.com/gratitude-how-it-improves-your-life-and-changes-your-brain/
3. Mariluz Roldén citando a Rick Hansen, Ser negativo afecta las funciones cerebrales, 2019, recuperado el 15 de enero del 2019, https://sumedico.com/pensamientos-negativos-cambian-funciones-cerebrales/

Capítulo 8

1. Daniel Goleman, *Inteligencia emocional* (Editorial Kairós, 1985), 66.
2. Christopher Sterling con Daniel Frings, *Psicología: 100 conceptos*, (Librero, 2017), 96.

Capítulo 9

1. Walter Riso, *Ama y no sufras* (Editorial Norma, 2003), 13.
2. Christopher Sterling con Daniel Frings mencionado a Elaine Hatfield, *Psicología: 100 conceptos*, (Librero, 2017), 174.
3. Walter Riso, *Ama y no sufras* (Editorial Norma, 2003), 15.

4. Walter Riso, *Ama y no sufras* (Editorial Norma, 2003), 16.
5. Walter Riso, *Ama y no sufras* (Editorial Norma, 2003), 17.
6. Walter Riso, *Ama y no sufras* (Editorial Norma, 2003), 18.
7. Walter Riso, *Ama y no sufras* (Editorial Norma, 2003), 20.
8. Gary Chapman, *Los 5 lenguajes del amor* (Editorial Unilit, 1991), 9.
9. Augusto Cury, *El Maestro de la vida*, (Grupo Nelson, 2008), 74.

Capítulo 10

1. Daniel Goleman, *Inteligencia emocional* (Editorial Kairós, 1985), 190.
2. Daniel Goleman, *Inteligencia emocional* (Editorial Kairós, 1985), 104.
3. Daniel Goleman, *Inteligencia emocional* (Editorial Kairós, 1985), 194.
4. Daniel Goleman, *Inteligencia emocional* (Editorial Kairós, 1985), 106.
5. Isabel Rovira, Los 6 tipos de habilidades sociales, y para qué sirven, consultado el 25 de julio del 2018 https://psicologiaymente.com/psicologia/tipos-de-habilidades-sociales
6. John MacArthur, *Doce hombres comunes y corrientes* (Editorial Caribe, 2004), 8.
7. Arturo Torres, Diferencias entre personalidad, temperamento y carácter, consultado el 28 de julio del 2018, https://psicologiaymente.com/personalidad/personalidad-temperamento-caracter-diferencias
8. Arturo Torres, Los 16 tipos de personalidad (y sus características), consultado el 28 de julio del 2018, https://psicologiaymente.com/personalidad/tipos-de-personalidad
9. Luis Palau con Zhao Qizheng, *Diálogo amistoso entre un ateo chino y un cristiano argentino* (Editorial Vida, 2008)

Capítulo 11

1. Victor Frankl, *El hombre en búsqueda de sentido* (Editorial Herder, 1979), 131.
2. Victor Frankl, *El hombre en búsqueda de sentido* (Editorial Herder, 1979), 123.
3. Victor Frankl, *El hombre en búsqueda de sentido* (Editorial Herder, 1979), 145
4. Victor Frankl, *El hombre en búsqueda de sentido* (Editorial Herder, 1979), 134

Acerca del autor

Daniel Retana nació el 18 de setiembre de 1992 en San José, Costa Rica. Tiene un bachillerato y licenciatura en Psicología de la Universidad Católica de Costa Rica. En los últimos cinco años ha trabajado de lleno en la conciliación entre la psicología y la fe sana, considerando esta última como un impulsor de la vida y salud mental. Se congrega en la Iglesia Oasis, en San José, Costa Rica, donde del 2008 al 2014 sirvió activamente con los jóvenes. Luego se dedicó particularmente a formarse en la parte de capacitación y desarrollo. Es especialista en Desarrollo Humano, siendo el encargado de los programas de capacitación, desarrollo y crecimiento integral de los colaboradores en algunos lugares en los que ha trabajado, entre ellos empresas transnacionales. Ha brindado asesorías y consultorías a organizaciones en el desarrollo de las habilidades blandas, tales como: comunicación, inteligencia emocional, administración de tiempo, oratoria, liderazgo, servicio al cliente y liderazgo intergeneracional, entre otras. Ha liderado el área de Responsabilidad Social Empresarial (RSE) promoviendo iniciativas que buscan la sostenibilidad de las empresas en el país, considerando los impactos que generan las organizaciones en el ambiente, la sociedad y la economía. Actualmente, se encuentra en el área de Consejería de la Iglesia Oasis, especialmente a cargo del curso de Inteligencia Emocional. En su país, el curso ha llegado a más de seis iglesias y se han graduado más de 1000 personas en un año. Además, trabaja como psicoterapeuta atendiendo personas de todas las edades, niños, adolescentes y adultos. Por otro lado, ha sido invitado como conferencista en universidades, colegios, instituciones y empresas. También ha participado en algunos medios de comunicación del país, sobre todo en programas de radio.

Para más información visite:

Facebook: Daniel Retana - Psicólogo

Instagram: @psicodaniretana

LinkedIn: Daniel Retana

página web: www.danielretana.com

correo: contacto@danielretana.com

Te invitamos a que visites nuestra página web donde podrás apreciar la pasión por la publicación de libros y Biblias:

www.casacreacion.com

@CASACREACION

@CASACREACION

@CASACREACION

Para vivir la Palabra